**기후 위기 시대,
어린이를 위한
기후 난민 이야기**

기후 위기 시대,
어린이를 위한 기후 난민 이야기

초판 1쇄 발행 2022년 5월 31일
초판 4쇄 발행 2025년 7월 5일

지은이 박선희
그린이 박선하
펴낸이 이지은 **펴낸곳** 팜파스
기획편집 박선희
디자인 조성미 **마케팅** 김서희, 김민경
인쇄 케이피알커뮤니케이션

출판등록 2002년 12월 30일 제 10-2536호
주소 서울특별시 마포구 어울마당로5길 18 팜파스빌딩 2층
대표전화 02-335-3681 **팩스** 02-335-3743
홈페이지 www.pampasbook.com | blog.naver.com/pampasbook
이메일 pampasbook@naver.com

값 13,000원
ISBN 979-11-7026-485-9 (73450)

ⓒ 2022, 박선희

· 이 책의 일부 내용을 인용하거나 발췌하려면 반드시 저작권자의 동의를 얻어야 합니다.
· 잘못된 책은 바꿔 드립니다.

기후 위기 시대, 어린이를 위한 기후 난민 이야기

박선희 글 | 박선하 그림

팜파스

어린이 친구들에게

　여러분은 기후 위기라는 말을 들어 보았나요? 지구 온난화로 인해 기후에 점점 변화가 생기다가 이제는 기후 위기까지 찾아온 것이에요. 이 기후 위기로 인해 믿기 어려운 일들이 일어나고 있어요.

　혹시 아름다운 휴양지로 사랑받는 태평양의 섬나라들이 사라지고 있다는 것을 알고 있나요? 저위도에 있는 나라들의 해안가도 점점 물에 잠기고 있다는 것은요? 바로 지구 온난화로 인해 해수면이 높아져서 땅들이 물속에 잠기기 때문이에요. 나라, 도시가 물속으로 잠기게 되자 그곳에 살던 사람들은 졸지에 살던 곳을 잃게 되었지요. 이들은 이제 어디로 가야 할까요?

　이뿐만이 아니에요. 지구 온난화는 이상 기후를 만들어 내요. 전 세계 곳곳에서 예전에는 볼 수 없었던 긴 가뭄, 폭우, 강력한 태풍들이 빈번히 일어났어요. 이상 기후로 인한 재난으로, 사람들은 하루아침에 삶의 터전을 잃어버렸지요.

　이처럼 이상 기후, 기후 위기로 인해 살던 곳을 잃고 떠돌게 된 사람들이 있어요. 바로 '기후 난민'들이에요. 기후 난민은 결코 일부 나라들만 겪고 있는 문제가 아니에요. 전 지구가 함께 고민하고 대처해야 할 문제랍니다. 지구 온난화는 지구에 사는 모두가 함께 책임져야 할 일이기 때문이에요. 우리가 지구 온난화를 막지 않는다면 우리 역시도 일상을 잃어버린 채 떠돌아야 하는 기후 난민이 될지도 모르니까요.

　이제부터 기후 위기로 인해 우리 삶이 어떻게 흔들리는지, 기후 난민들이 겪는 현실과 아픔에 대해서 알아보려고 해요. 여러분이 함께 관심을 기울이고, 지구 온난화를 막기 위해 노력한다면 기후 난민 문제를 해결하는 데 더없이 큰 힘이 될 거랍니다.

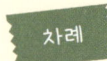 차례

어린이 친구들에게 · 4

이야기 하나

이상해진 날씨,
화창한 여름 바다를 다시 보고 싶어요!
기후 난민은 무엇이고 왜 생기는 걸까?

이모가 바쁜 이유는 날씨 때문이라고? · 12

기후 위기, 계절이 사라지고 날씨가 이상해지고 있어요! · 30

적도는 열대? 극지방은 한대? 위치에 따른 기후, 어떻게 다를까요? ········ 31
언젠가부터 기후가 이상해지기 시작했어요! ·· 34
사라지는 사계절, 이상 기후… 이게 다 지구 온난화 때문이라고? ·········· 38
기온이 1도씩 올랐을 때 벌어지는 무서운 일들 ·· 41

이야기 둘

허리케인과 폭우, 강풍, 가뭄이 일상이 된다면
이상 기후가 일상이 되어 버린 사람들의 이야기

친구, 고향, 추억을 남기고 떠나는 사람들 -피터 이야기 · 46
제방을 지키는 사람들 -마키 이야기 · 54
산불을 피해 온 사람들 -리아 이야기 · 61

비상사태! 지구촌 곳곳에서 기후 난민이 생겨나고 있다! · 68

해수면 상승, 가뭄, 태풍, 홍수… 이상 기후로 인해 난민이 된 사람들 ········ 69
분쟁으로 인한 난민보다 세 배나 더 많은 기후 난민들 ························ 71
그저 남의 일이라고 생각할 수 없는 이유 ····································· 72
    지도에서 사라질 위기에 처한 섬나라, 키리바시
    제발 우리 국민을 구해 주세요! 투발루
섬나라만의 위기가 아니다! 대도시에 불어닥친 이상 기후 ····················· 80
일상이 된 허리케인, 사이클론! 하루가 멀다 하고 태풍이 찾아온다면? ······ 82

이야기 셋

기후 위기가 어느 한 나라만의 이야기가 아닌 이유

자원 전쟁, 식량 위기, 난민 갈등… 기후 위기는
어떤 모습으로 우리에게 다가올까?

가뭄이 불러온 생각지도 못한 분쟁들 · 88

기후 위기로 분쟁은 더욱 격해지고 세계는 불안정해진다! · 104

- 연결된 세계, 기후 위기에서 자유로운 나라는 없어요! ········· 105
- 기후 위기가 식량 위기를 가져오고 사회는 더욱 흉흉해져요! ········· 107
- 러시아 가뭄이 시리아의 식량 위기를 부추기고 유럽의 난민 사태까지 이어져요 ········· 108
- 기후 위기는 너무 불공평해요! ········· 111

이야기 넷

2050년 지구, 미래에 남은 땅은 얼마나 될까?
기후 위기와 기후 난민 문제를 해결하기 위해 우리가 해야 할 일들

2050년의 지구를 어떻게 만들고 싶은가요? · 116

2050년의 아름다운 지구를 만나기 위해 해야 할 일들 · 130

지구의 온도가 1.5도 더 높아지기 전에 ·················· 131
아직 늦지 않았어요! 우리가 살아갈 아름다운 지구를
지켜 낼 수 있어요! ·················· 134
기후 위기를 극복하려면 전 세계가 힘을 모아야 해요! ·················· 141

이야기 하나

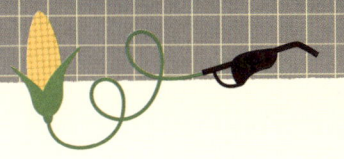

이상해진 날씨, 화창한 여름 바다를 다시 보고 싶어요!

기후 난민은 무엇이고
왜 생기는 걸까?

이모가 바쁜 이유는 날씨 때문 이라고?

"할머니!!"

수민이는 현관문이 열리기가 무섭게 외쳤다.

"어이구, 우리 손녀 오는 소리가 옆집 안방까지 들리겠구나!"

"헤헤."

수민이는 신발을 벗자마자 할머니의 품으로 폭 뛰어들었다. 뒤따라 현관으로 들어선 엄마도 그 모습을 흐뭇하게 보았다. 집안에서는 달콤한 냄새가 풍겨 나왔다.

"할머니, 엄청 맛있는 냄새가 나요."

"오랜만에 우리 수민이 좋아하는 호박죽을 끓였지."

"정말요?"

호박죽이란 말에 수민이의 눈이 반짝거렸다. 할머니의 호박죽은 남다른 구석이 있었다. 달짝지근하면서도 고소한 맛이 일품이었다.

서울에서도 호박죽을 얼마든지 먹을 수 있었지만, 할머니가 끓여 주신 맛을 따라올 수는 없었다.

"자, 어서 먹으렴."

수민이와 엄마는 손발을 깨끗이 씻고 식탁 앞에 앉았다.

"잘 먹겠습니다!"

수민이는 김이 모락모락 오르는 호박죽을 크게 한 숟갈 떠서 입에 넣었다. 엄마는 호박죽을 유심히 살펴보며 중얼거렸다.

"이 팥이 비결 같은데."

"그럼, 팥을 아주 듬뿍 넣어야 해."

할머니는 짠지를 꺼내며 넌지시 일러 주었다.

"이번에 온 김에 호박죽 끓이는 법을 배우고 가렴."

"그럴게요. 그런데 해미는요?"

엄마의 말에 호박죽 그릇에 코를 박고 먹던 수민이도 고개를 번쩍 들었다. 그러고 보니 막내 이모가 보이지 않았다.

"해미가 좀 바빠. 아침 일찍 나갔다가 저녁 늦게야 들어와. 우리도 얼굴 보기 힘들다."

"어머, 일 때문에요?"

"그렇지. 원 밥은 제대로 먹으면서 일하는지."

수민이는 할머니의 말을 듣고 숟가락을 내려놓았다. 이번 여행으로 부푼 마음이 파시식 가라앉는 것 같았다. 수민이 풀이 죽자 엄마가 일부러 밝게 말했다.

"오늘 엄마랑 해운대에 갈까?"

"이모랑 같이 가려고 했는데……."

수민이가 막내 이모 해미를 얼마나 좋아하는지 익히 아는 할머니도 달래듯이 말했다.

"이모랑도 가고 엄마랑도 가면 되지. 모처럼 날씨도 이렇게 좋은데."

"날씨가 좋다고요?"

할머니의 말에 엄마와 수민이가 동시에 창밖을 보았다. 하늘은 구름이 잔뜩 있어 흐렸다. 해가 안 들어서인지 어두워서 어디를 봐도 화창한 날씨라고 보기 어려웠다.

"바람도 적당하고 비도 안 오잖니. 나들이하기 딱 좋지."

"그야 그렇지만."

"이 정도면 아주 좋은 거야. 어휴. 그동안 날씨가 얼마나 궂었는지 모른다."

할머니는 혀를 끌끌 차며 말했다.

"아침에 해가 들다가도 난데없이 천둥 번개가 치질 않나. 하루 종일 날아갈 듯이 비바람이 몰아치질 않나. 날씨가 좀 요상해야 말이지. 그래도 우리 수민이 온다고 오늘은 하늘도 맘씨를 곱게 쓰는 모양이구나."

할머니의 말에 엄마와 나는 다시금 창밖을 보았다. 잔뜩 흐린 하늘이 의뭉스럽게 펼쳐져 있었다.

다음 날, 엄마랑 수민이는 해운대 바닷가에 나가 산책을 했다. 엄마가 미리 알아 둔 빙수 가게에서 팥빙수까지 먹고 나니 하늘이 심상치 않았다.

"비가 올 것 같은데……."

엄마가 걱정스러운 얼굴로 카페 벽에 뚫린 커다란 창 너머에 펼쳐진 하늘을 보았다. 지금 당장 비가 쏟아져도 이상하지 않을 만큼 먹구름이 잔뜩 끼어 있었다.

"수민아. 그냥 들어갈까?"

"싫어! 이모 보러 갈 거야."

엄마는 난처한 얼굴로 휴대폰을 보다가 이모에게 메시지를 보냈다. 수민이는 이모와의 약속이 취소될까 봐 조마조마해졌다.

어제에 이어 오늘도 해미 이모를 볼 수 없었다. 할머니 말씀대로 이모는 정말 눈코 뜰 새 없이 바쁜 모양이었다. 이모가 어제 늦게 들어와서 수민이가 먼저 자는 바람에 얼굴을 볼 수 없었다. 그런데 오늘도 아침 일찍 나가 버려서 또 보지 못한 것이다.

아침에 일어난 수민이는 부스스한 얼굴로 입을 쭉 내밀며 중얼거렸다.

"부산에 오면 맨날 이모랑 놀 줄 알았는데."

이모도 그런 수민이가 신경 쓰였나 보다. 이모가 엄마에게 연락해 회사 근처로 수민이를 데리고 나오면 오후에 잠깐 만나겠다고 한 것이다.

엄마가 이모와 메시지를 주고받는 것을 수민이는 초조한 얼굴로 지켜보았다.

"수민아. 이모가 회사로 오라는데?"

엄마가 휴대폰 메시지를 보더니 웃으며 말했다. 수민이는 신이 나

냉큼 자리에서 일어났다.

"엄마, 얼른 가자!"

그 순간 창문 밖에서 쿠르릉 소리가 났다. 잔뜩 흐려진 하늘에서 난 소리였다.

"수민아!"

"해미 이모!"

수민이가 반가움이 잔뜩 묻어난 목소리로 이모를 부르자 건물 로비를 오가던 사람들이 흘끗 두 사람을 보았다. 두 사람은 사람들의 시선에 아랑곳하지 않고 손을 잡고 방방 뛰었다. 그 모습을 본 엄마가 고개를 설레설레 저었다.

"아유, 못 말리겠네."

두 사람의 눈물겨운 만남을 뒤로하고 엄마는 볼일을 보러 다시 건물을 나섰다. 이모가 수민이와 오후 시간을 보내기로 했기 때문이다. 엄마를 배웅하자마자 이모가 눈을 빛내며 물었다.

"수민아. 배고프지 않아?"

"배고파. 이모."

수민이는 기대감에 찬 얼굴로 이모에게 대답했다.

"요새 엄청 인기 있는 식당이 있거든. 거기로 갈까?"

"좋아!"

수민이는 이모가 말한 식당이 무척 궁금했다. 아마도 수민이 맘에 쏙 드는 곳일 거다. 수민이와 이모는 예전부터 죽이 잘 맞아서 뭐든 엇갈리는 게 없었으니까.

게다가 이모는 SNS에서 인기가 많은 맛집이나 근사한 곳을 아주 많이 알았다. 지난 여름 방학 때도 이모와 함께 전시를 보고 맛집을 다니느라 시간이 부족할 지경이었다. 그뿐만이 아니었다.

작년에는 이모와 자전거를 타고 풍경이 멋진 길을 마음껏 달렸다. 수민이는 그때 맞았던 보드라운 바람과 파란 하늘, 눈부신 햇살을 일 년 내내 떠올리며 그리워했다.

바깥에 나서자마자 강한 바람이 불어닥쳤다.

'올해는 이모랑 자전거 타기는 힘들겠네.'

바람을 맞으며 수민이는 아쉬운 마음을 감출 수 없었다.

"자, 여기야."

이모가 데리고 간 식당은 회사 건물 근처에 있었다. 식당 이름은 '비건 레스토랑'이었다. 수민이는 식당의 간판을 보며 고개를 갸웃거렸다.

"이모, 비건이 뭐야?"

"비건은 채소, 과일 같이 식물성 음식만 먹는 사람들을 부르는 말이야. 이곳이 채식 식당이거든."

"으악. 채소라고?"

수민이의 얼굴이 대번에 찡그러졌다. 이모와 처음으로 취향이 맞지 않게 될 줄이야! 외식하면 무조건 고기를 외치는 수민이는 슬금슬금 뒷걸음질을 쳤다. 이모는 수민이의 반응을 익히 예상했다는 듯이 호호 웃었다.

"너 채소가 얼마나 맛있는지 모르지? 오늘 아주 새로운 세상을 맛보게 될 거야."

이모는 식당 안으로 수민이 등을 떠밀었다. 수민이는 어쩔 수 없이 채식 식당에 들어갔다. 이모를 만나면 뭔가 색다른 음식을 먹게 될 거라고 기대했는데, 맛없는 채소를 먹게 될 줄은 몰랐다.

"어?"

식당 안에는 생각보다 사람들이 많았다. 하나같이 즐겁게 식사하는 사람들을 보며 수민이는 조금 놀라웠다. 테이블에 앉자마자 수민이는 이모에게 물었다.

"이모, 채식을 하는 사람이 이렇게 많아?"

"그럼. 동물을 생각하는 마음에 채식을 하는 사람들도 있지만, 나처럼 환경을 위해서 채식을 하는 사람들도 많거든."

수민이와 해미 이모가 죽이 잘 맞는 이유에는 '환경'이라는 공통점도 있었다.

해미 이모는 국제 환경 보호 단체에서 일한다. 환경 보호에 관심이 많은 수민이는 이모가 환경 보호 단체에서 일한다는 것이 무척 자랑스러웠다.

이모의 말을 듣고 수민이는 의아해졌다.

"환경이랑 채식이랑 무슨 상관이 있어?"

"상관있지. 고기를 먹으려면 가축을 많이 키워야 하는데, 그러느라 환경이 파괴되거든. 가축을 먹일 곡물을 재배하려고 멀쩡한 숲을 일부러 태운단다. 농사를 지을 땅을 넓히기 위해서 말이야."

수미는 이모의 말을 듣고 깜짝 놀랐다. 사람이 먹을 작물도 아니고 가축 사료를 위해 숲을 태운다는 것은 처음 알게 된 사실이다.

"얼마나 많은 가축을 키우느냐면 소가 뀐 방귀에 든 메탄가스가 지구 온난화를 더욱 심하게 할 정도야."

수민이는 입을 떡 벌렸다. 고기를 먹는 것이 지구 온난화에도 영향을 끼쳤다니!

그 사이에 수민이 앞에는 콩고기로 만든 채식 버거가 놓였다. 겉보기에는 평범한 고기 버거처럼 생겨서 채소로 만들었다는 것이 믿기지 않았다.

"이모, 이거 진짜 야채로 만든 거야?"

"그럼! 어서 먹어 봐. 맛있어서 깜짝 놀랄걸?"

수민이는 미심쩍은 얼굴로 버거를 들어 요리조리 살피다가 눈을 질끈 감고 크게 앙 베어 물었다. 입 안 가득 소스와 콩고기 육즙이 퍼져 나갔다. 수민이가 눈을 번쩍 떴다.

"우아! 진짜 맛있어!"

어찌나 크게 외쳤는지 다른 테이블에 앉은 사람들도 이쪽을 쳐다보며 웃었다. 정말이지 채식 버거라고 말하지 않았다면 일반 버거인 줄 알았을 정도로 맛이 비슷했다. 오물오물 버거를 먹는 수민이를 보고 이모는 활짝 웃었다.

"거 봐. 새로운 세상을 맛보게 된다니까?"

맛있는 채식 음식을 먹고 나서 바깥에 나왔을 때는 바람도 조금 잔잔해져 있었다. 이모와 수민이는 해운대 근처에 있는 업사이클링 매장으로 향했다.

그곳에서는 해수욕장에서 비치코밍으로 주운 쓰레기로 만든 상품들을 팔고 있었다. 이모는 파라솔로 만든 가방을 사서 수민이에게 선물로 주었다. 버려진 파라솔로 만들었다는 것이 믿기지 않을 만큼 예쁜 가방이었다.

이모랑 함께하는 특별한 나들이는 거기서 끝나지 않았다. 다음 코스는 수민이가 좋아하는 아이스크림 가게였다. 이모는 바닐라 아이스크림을 주문한 후 가방에서 주섬주섬 유리 용기를 꺼냈다.

"아이스크림은 여기에 담아 주세요."

"엥? 이모. 웬 반찬통이야?"

"이거야말로 요즘 이모가 매일 들고 다니는 핫 아이템이야."

아이스크림 주인은 이미 이모의 주문을 여러 번 겪었는지 아무렇지 않게 유리 용기에 아이스크림을 담아 주었다. 수민이는 얼떨떨한 얼굴로 이모를 따라 가게를 나왔다.

이모와 수민이는 해운대 해변가 벤치에 자리를 잡았다. 이모는 가방에서 찻숟가락과 아까 산 아이스크림이 담긴 유리 용기를 꺼냈다. 그것을 본 수민이는 조금 창피한 기분이 들었다. 반찬이나 담는 유리 용기에 담긴 아이스크림을 먹으려니 기분도 나지 않았다. 예쁜 포장 용기에 담긴 아이스크림이면 사진도 찍고 더 좋지 않았을까?

이모는 그런 수민이의 마음을 눈치챘는지 얼른 아이스크림을 떠서 수민이 입에 넣어 주었다. 차갑고 달콤한 아이스크림이 혀끝에서 녹자 기분이 다시금 좋아졌.

"근데 이모. 솔직히 이건 좀 불편하지 않아?"

"음, 불편하지. 그래도 늘 챙겨 다니면 그만큼 플라스틱 쓰레기가 나오지 않으니까."

"그렇긴 한데. 이렇게까지 하는 사람은 이모밖에 못 봤어."

수민이의 말에 이모는 웃으며 파도가 치는 바닷가를 가만히 바라보았다. 잔뜩 먹구름이 낀 하늘 아래 파도치는 바다는 흉흉해 보이기도 했다. 그런 바다를 말없이 바라보던 이모가 말했다.

"수민아. 나는 여기서 태어나고 자랐잖아. 그래서 그런지 이 바닷가가 정말 좋아. 언제까지고 이 바닷가가 있었으면 좋겠어. 사라지지 않고 말이야."

수민이는 고개를 갸웃거렸다. 이모의 말은 마치 이 바닷가가 사라질 것처럼 들렸기 때문이다.

"그런데 어쩌면 이 바닷가가 사라질지도 몰라. 아니 이 바닷가를 두고 우리가 떠나야 하는 날이 올지도 모르지."

"그게 무슨 말이야? 바닷가가 사라진다니."

"지구의 기온이 점점 오르면서 해수면도 높아지잖아. 그렇게 되면 지금 이 바닷가, 아니 도시도 물에 잠길 수 있어."

수민이는 이모의 말이 너무 허무맹랑하게 들렸다. 바닷가가 물에 잠긴다니? 도시가 물에 잠기는 건 무슨 영화에서나 나올 법한 이야기가 아닌가?

하지만 이모는 환경에 대해서라면 모르는 게 없는 척척박사다. 그런 이모가 한 이야기라면 엉뚱한 말은 아닐 것이다. 수민이는 불안한

속마음을 애써 감추며 이모를 보았다.

이모는 진지하게 말했다.

"그리 먼 미래가 아니야. 이십 년 후, 십 년 후가 될 수도 있거든."

"뭐, 뭐라고? 그렇게 빨리 잠긴다니 말도 안 돼!"

"그래. 말도 안 되지. 그때 되어도 우리는 여전히 이곳에서 살아가고 있을 텐데 말이야. 하지만 그런 일이 실제로 생긴다면 고향을 떠나야만 할 거야."

"고향을 떠나야 한다고?"

"응. 난민이 되는 거지."

이모는 가라앉은 표정으로 수민이를 보며 말했다. 수민이는 얼떨떨한 얼굴이 되었다.

난민은 가난한 나라나 전쟁이 난 나라에서만 생기는 거 아닌가? 수민이에게 난민은 책에서 본 단어였지, 내 주변에서 일어나는 일이라고는 생각하기 어려운 말이었다.

"이모. 난민은 전쟁이 일어나야 생기는 게 아

니야?"

"꼭 전쟁만이 난민을 만들어 내는 건 아니야. 수민아. 이모가 요즘 바쁜 이유가 뭔지 아니? 바로 기후 난민에 대한 구호 작업 때문이야."

"기후 난민?"

수민이는 눈을 깜박였다. 난민이라는 말은 들어 봤지만 기후 난민이라는 말은 처음 들었다.

"응. 바로 기후로 인해 난민이 된 사람들이야. 방금 이모가 한 이야기가 지금 당장 자신의 일이 된 사람들이지."

"그럼 진짜 살던 곳이 물에 잠겨서 난민이 된 사람들이 있단 말이야?"

이모는 고개를 끄덕였다.

"꼭 바닷가에 사는 사람들만 해당되는 게 아니야.

미세 먼지가 심해서 피난을 가는 사람들, 가뭄으로 인해 터전을 버리고 떠나는 사람들, 폭우 때문에 난민이 된 사람들도 있어."

이모는 더없이 진지한 목소리로 말을 이었다.

"그리고 그건 그들만의 이야기가 아니야. 우리도 얼마든지 그런 상황에 처할 수 있어. 지난여름에 봤던 화창한 날들이 올해는 현저히 줄어들었거든."

수민이는 오싹한 기분에 사로잡혔다. 이모의 말을 뒷받침이라도 하듯이 바다 저편의 하늘에서 쿠르릉 대는 천둥소리가 들렸다.

"게다가 지구 온난화가 심해질수록 기후 난민도 갈수록 많아져. 그건 지구에 사는 모두가 함께 책임을 져야 할 문제야. 기후 난민에 대한 지원 활동을 하면서 그런 책임을 더욱 크게 느끼게 됐어. 조금이라도 내가 할 수 있는 일을 하고 싶어졌지."

수민이는 이모와 함께 보낸 오후를 돌이켜 보며 그 말이 이해됐다. 채식을 하고, 업사이클링 제품을 사고, 포장 용기를 쓰지 않는 건 지금 당장 할 수 있는 일이었다. 불편함을 조금 감수한다면 말이다.

수민이의 입가에 빙그레 미소가 걸렸다.

"역시 이모는 나의 기대를 배신하지 않아."

"응?"

"이번 여름 방학도 지난번처럼 정말 즐거운 추억이 될 것 같거든."

"하하. 다행이네."

"근데 이모, 기후 난민에 대해 더 이야기해 줄 수 있어?"

"얼마든지. 그럼, 이모가 돕는 아이들의 이야기를 들어 볼래?"

이모의 말에 수민이는 힘차게 고개를 끄덕였다.

기후 위기,
계절이 사라지고 날씨가 이상해지고 있어요!

　새싹이 파릇하게 돋아나고 햇빛이 따사로워지는 '봄'. 초록 잎이 가득하고 더위가 찾아오며 시원한 비가 주룩주룩 내리는 '여름'. 선선한 바람이 불고 곡식이 무르익으며 단풍이 아름다운 '가을'. 공기가 차가워지고 땅속 씨앗을 새하얀 눈으로 덮어 주는 '겨울'.

　매일매일 날씨가 변하며 아름다운 사계절이 되지요. 이렇게 매일의 날씨가 모여서 약 30년간 종합적인 날씨의 상태를 '기후'라고 해요.

　우리나라는 사계절이 뚜렷한 기후 지대에 있어요. 사계절마다 날씨가 달라서 옷도 다르게 입고, 계절에 따른 제철 음식을 먹지요. 집에도 추위나 더위로부터 잘 지내기 위한 냉난방 장치를 마련합니다. 우리가 먹고, 입고, 사는 것은 모두 기후와 관련 있어요.

　그렇게 봄이 지나면 여름이, 그 다음에 가을, 겨울이 오는 게 당연

했던 기후. 그런데 이 기후가 최근 들어 좀 이상해지고 있어요. 우리나라뿐만이 아니라 지구촌에는 지금 기후 때문에 심상치 않은 일들이 벌어지고 있지요. 대체 기후에 어떤 변화가 일어나고 있는 걸까요?

적도는 열대? 극지방은 한대? 위치에 따른 기후, 어떻게 다를까요?

기후는 지리와 깊은 관련이 있어요. 지구의 어디에 위치하느냐에 따라 기후 역시 달라지거든요. 나라들이 지구 어디에 있는지는 위도와 경도를 보면 알 수 있어요. 위도와 경도는 한 나라의 위치를 정확하게 나타내기 위한 숫자들이에요.

경도는 지구를 세로선으로 나누어 위치를 보지요. 그 기준이 그리니치 천문대랍니다. 위도는 지구의 중앙 적도를 기준으로 지구를 가로선으로 위아래 나누어 본 것이에요. 적도와 가까울수록 '저위도',

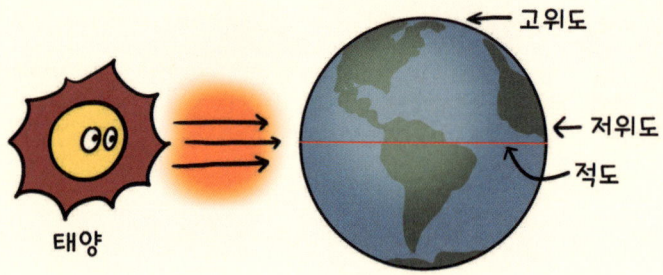

적도와 멀어질수록 '고위도'라고 해요.

위도는 기후와 깊은 관련이 있어요. 어느 위도에 있는지에 따라 그 나라의 기후가 달라지기 때문이에요. 적도에서 극지방으로 갈수록 기후가 차가워져요. 이렇게 기후가 달라지는 이유는 지구가 둥글어서 표면에 닿는 햇볕 양이 달라지기 때문이에요.

기후가 달라지면 그곳에서 살아가는 식물 집단이 달라요. 기온과 비가 어느 정도인지에 따라 식물 집단이 달라지거든요. 식물이 달라지는 것을 기준으로 해서 적도에서 극지방까지 '열대 기후', '온대 기후', '냉대 기후', '한대 기후'로 나누어요.

먼저 '열대 기후'부터 살펴볼까요? 지구의 중앙에 있는 적도, 적도와 가까운 저위도에 있는 나라들은 햇빛을 수직으로 받게 돼요. 면적당 받는 햇볕의 양이 많아 '열대 기후'가 나타나지요. 열대 기후는 일

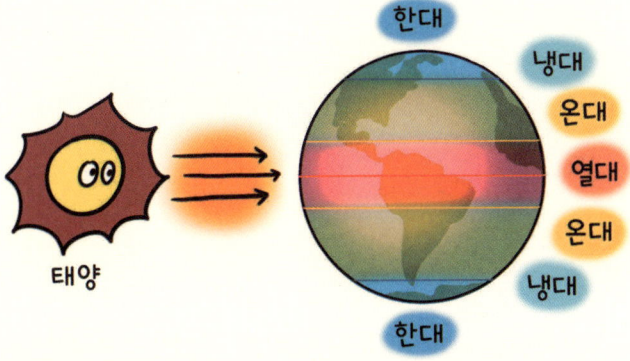

년 내내 매우 덥고 비가 아주 많이 내려요.

저위도 위에 남·북위 20~50° 사이의 지역을 중위도라고 해요. 저위도와 고위도 사이의 지역이지요. 이 중위도에 있는 나라들은 대부분 '온대 기후'가 나타나요. 온대 기후는 말 그대로 대체로 온난하고 사계절이 뚜렷한 것이 특징이에요.

고위도 지역으로 가면 면적당 받는 햇볕의 양이 부족해 날씨가 차가워집니다. 극지방으로 갈수록 기온이 낮아지지요. 고위도에 나타나는 기후를 '냉대 기후'라고 해요. 냉대 기후는 북반구에서만 나타나요. 남반구에는 이 기후대에 대륙이 없거든요. 특징으로는 겨울이 춥고 길고 여름은 짧아요. 여름과 겨울 기온 차가 매우 크답니다. 끝으로 극지방에 나타나는 아주 추운 기후는 '한대 기후'라고 합니다.

지구는 오랫동안 기후에 맞춰 생물과 그의 맞는 환경, 즉 생태계가 만들어졌어요. 그리고 다양한 생태계는 서로 균형을 이루며 생물체가 살기 좋은 환경으로 만들어 나갔죠.

각각 떨어져 있는 곳일지라도 생태계는 연결되어 있어요. 그리고 서로 영향을 주고받아요. 예를 들어 극지방의 차가운 공기와 적도 부근의 따뜻한 공기가 바다에서 골고루 순환하는 것처럼 말이지요. 그렇게 지구는 생명체가 살기에 조화로운 행성으로 만들어져 갔답니다.

언젠가부터 기후가 이상해지기 시작했어요!

그런데 이 조화가 최근 들어 와장창 깨지고 있어요. 아마, 여러분도 실감하고 있을 거예요. 우리나라를 예로 들어 살펴볼게요.

우리나라는 중위도에 속해서 온대 기후가 나타난답니다. 대체로 온화한 날씨에 강수량도 적당한 편이라 사람이 살기에 좋은 기후이지요. 사계절도 매우 뚜렷하고요.

봄과 여름이 되면 해가 길어지고 기온이 오르고 비가 많이 와서 강수량도 늘어나요. 그러다 가을, 겨울이 되면 기온이 낮아지고 해도

짧아져요. 우리나라 사람들은 아주 오래전부터 사계절의 달라지는 기후에 맞춰 옷을 입고 곡식과 과실도 키웠답니다.

그런데 점점 우리나라의 기후가 달라지고 있어요. 사계절의 경계가 무너지고 있는 거예요. 혹시 봄보다 여름이 훨씬 길다고 느끼나요? 예전에는 4~5월까지는 봄이라고 여겼는데, 이제는 5월부터 날이 더워서 여름옷을 꺼내 입어요. 가을도 짧아졌어요. 10월 초까지

더운 날씨가 이어지지요. 가을 날씨는 한 달 정도밖에 되지 않아요.

이처럼 봄과 가을이 짧아지고, 여름이 길어지는 현상이 나타나요. 우리나라의 기온이 점점 오르면서, 온대 기후에서 점점 아열대 기후로 변하고 있기 때문이에요.

아열대 기후는 열대와 온대의 중간 수준으로 나타나는 기후예요. 기온이 높고 여름과 겨울이 뚜렷해요. 여름은 길고 습하고 강한 비가 자주 오며, 겨울에는 건조하고 온화하지요.

우리나라가 아열대 기후로 바뀌는 징후는 여러 군데에서 보여요. 한 예로 우리나라 바다에서 아열대 바다에 사는 물고기가 나타나고 있어요. 바닷물의 온도가 높아졌기 때문이에요. 2020년 6월에는 장마가 무려 54일간이나 이어졌어요. "장마가 아니라 아열대 기후에서 비가 많이 오는 시기인 '우기'가 아니냐?"는 웃지 못할 농담을 할 정도였지요. 또한 아열대 국가에서 키우는 망고, 커피, 올리브를 우리나라에서도 재배하게 되었어요. 심지어 열대 과일인 파파야까지 제주도나 남부 지방에서 재배하지요.

기후가 변화하면서 우리나라 과일의 재배 지역도 달라지고 있어요. 예전부터 우리나라에서 사과를 가장 많이 재배하는 곳은 대구였어요. 일조량이 풍부하고 일교차가 커서 사과를 키우기에 적합한 기

후였기 때문이에요.

하지만 이제 사과를 키우는 곳이 점점 위쪽 지역으로 옮겨지고 있어요. 기온이 점차 올라 사과를 키우기에는 대구가 너무 더워진 거예요. 이제는 경상북도를 지나 강원도에서 사과를 키워요. 기온이 오르면서 고랭지 배추를 키우던 밭을 갈아엎고 사과를 심게 되었죠.

한편 온대 기후에서 나타나던 특징은 점차 사라지고 있어요. 울긋불긋 아름다운 단풍은 온대 지역에서 볼 수 있는 낙엽수예요. 하지만 이 단풍 역시 점차 보기 어려워지고 있지요.

사라지는 사계절, 이상 기후…… 이게 다 지구 온난화 때문이라고?

우리나라 기후가 아열대로 되어 가는 이유는 지구의 기온이 오르고 있기 때문이에요. '지구 온난화' 현상 때문이지요. 많은 전문가들이 지구의 기온이 오르는 원인으로 '온실가스'를 꼽아요.

온실가스는 온실 효과를 부추기는 기체를 말해요. 대기 속에 있으면서 태양의 복사열을 흡수해서 대기권 내 온도를 오르게 만들지요. 대표적인 온실가스로는 '이산화탄소'와 '메탄'이 있답니다. 이 온실

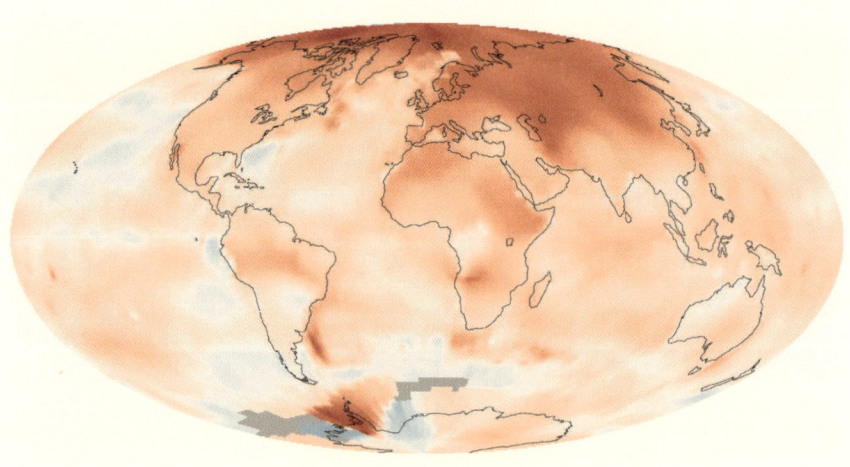

◀ 2000년부터 2009년까지의 세계 기온 변화 지도. 북극과 남극에서 매우 큰 기온 변화가 관찰된다.
출처: NASA Earth Observatory

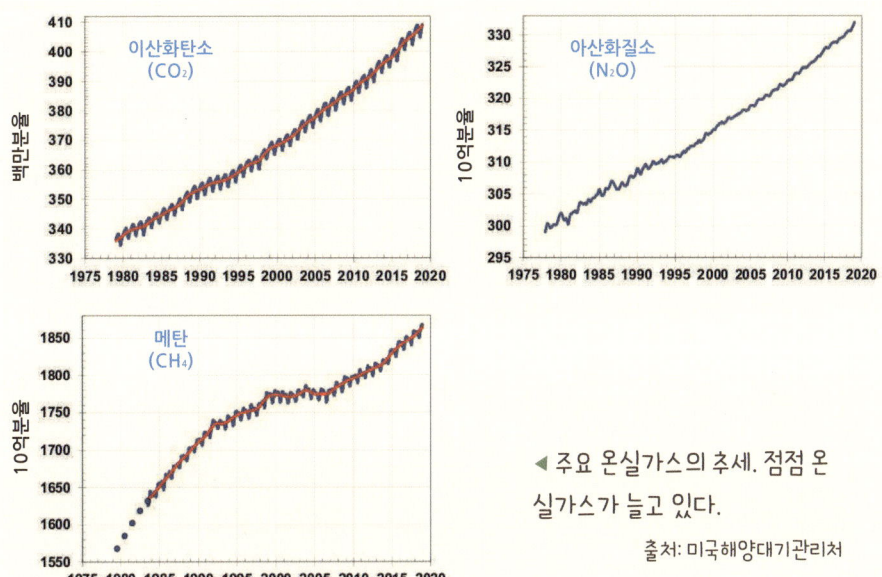

◀ 주요 온실가스의 추세. 점점 온실가스가 늘고 있다.

출처: 미국해양대기관리처

가스가 늘어나면서 지구의 온도는 빠르게 오르고 있어요. 왜냐고요?

사람들이 화석 연료를 태워 에너지를 쓰면서 온실가스를 더욱 많이 만들고 있기 때문이에요. 그뿐만이 아니라 무분별하게 개발을 한 나머지, 나무와 숲이 사라지고 있어요. 나무와 숲은 이산화탄소를 없애 주는 중요한 존재들인데 말이에요.

날씨를 조절하는 데 큰 역할을 하는 바다 역시 지구 온난화 때문에 점점 뜨거워지고 있어요. 바닷물이 온실가스의 열을 흡수하면서 온도가 오르는 거예요. 그 결과 해수면이 높아지고, 더 많은 습기가 생겨 폭풍우도 더 거세져요.

지구가 계속 뜨거워지면서 원래 기후와는 다른, 예측하지 못한 변화들이 곳곳에서 일어나고 있어요. 이런 기후 변화를 '이상 기후'라고 말해요. 한 달이면 충분했던 우리나라의 장마가 두 달 가까이 늘어난 것도 이상 기후의 한 모습이지요.

사실 이상 기후는 우리나라에만 나타나는 것이 아니에요. 전 세계에서 나타나고 있어요. '중위도'에 있다는 지리상의 이점으로 우리나라는 이상 기후를 그저 계절의 변화 정도로만 체감해요. 하지만 저위도에 있는 나라들은 달라요. 이상 기후로 인해 생존을 위협당하고 있어요. 해수면이 올라오면서 저위도 나라의 해안가나 섬나라들은 국

◀ 북극의 빙하가 녹아서 서식지를 잃고 굶주려 하는 북극곰의 모습

ⓒ Andreas Weith

토가 잠기는 사태까지 일어나고 있지요.

　북극과 같은 극지방 역시 이상 고온에 시달리고 있어요. 날이 더워 빙하가 더욱 빨리 녹는 거예요. 빙하가 급격하게 녹아내리자, 북극곰처럼 북극에 사는 생물들 역시 터전을 잃어 멸종 위기에 처했어요.

기온이 1도씩 올랐을 때 벌어지는 무서운 일들

　지구 온난화가 계속된다면 이상 기후가 더욱 잦아질 거예요. 그리고 지구는 차차 생명체가 살 수 없는 곳이 되어 가겠지요.

　20세기에 들어서 지구는 기온이 약 0.7도가 올랐어요. 우리나라만 봤을 때도 지난 30년간(1991~2020년) 연 평균 0.3도가 올랐지요. 작은 수치라고 생각할 수 있지만, 기온은 1도만 올라도 큰 변화가 일어나요. 미국의 환경 운동가 마크 라이너스는 자신의 책 《6도의 멸종》에서 앞으로 지구 기온이 2도만 올라도 돌이킬 수 없는 상황이 될 거라고 경고해요. 이 책에서 그려 낸 '1도씩 기온이 오를 때' 어떤 일이 일어나는지 살펴볼까요?

★ 만일 지구의 기온이 1도 오르면, 북극의 빙하가 급속도로 녹아 버릴 거라고 예측해요. 반면 대륙은 가뭄에 시달리게 되고요. 또한 바다의 수온이 올라가면서 해양 생태계도 망가지게 됩니다.

★ 지구의 기온이 2도 오른다면, 대홍수와 대가뭄에 시달리게 될 거예요. 게다가 인간이 스스로 체온을 조절할 수 있는 온도를 넘어서는 더위를 겪게 되지요. 바다는 산성으로 바뀌어 생물체가 살아가기 어려워집니다.

★ 지구의 기온이 3도 오르면, 온 세상은 가뭄으로 거대한 사막이 늘어날 거랍니다. 이때부터는 온실가스를 흡수할 나무와 바다가 없어 더 온실가스가 많아지는 악순환이 되지요.

★ 지구의 기온이 4도 오르면, 남극의 빙하가 무너지고 이로 인해 해수면이 급격히 오를 거라고 예측해요. 해안가의 도시들과 섬나라들은 모두 물 속으로 사라질 위기에 처합니다.

★ 지구의 기온이 5도 오르면, 남극, 북극의 빙하가 모두 녹아 사라져요. 내륙마저 물에 잠기는 위기 상황이 됩니다. 먹을 것도, 살 곳도 없는 지구에서 살아남은 인간들은 발 디딜 곳을 찾아 헤매게 되지요. 더 무서운 것은 이때쯤 되면 지구 온난화를 멈출 방법은 아무것도 없다는 것입니다.

★ 지구의 기온이 6도 오르면, 지구에 살아 있는 생명체 대부분은 사라지게 됩니다. 지구는 탄소와 메탄으로 인한 폭발을 거듭하고 대멸종이 일어

나요. 그야말로 상상하기도 끔찍한 마지막이지요.

아주 오래전에도 지구의 온도가 오른 적이 있었어요. 2억 5100만 년 전인 그때를 '페름기'라고 합니다. 그때 대기 속 이산화탄소 농도는 지금보다 4배 이상 높았다고 해요. 이로 인한 온실 효과로 지구 온도는 6도나 올라 많은 생명체들이 대멸종을 맞았지요. 하지만 페름기조차 1만 년에 거쳐 서서히 온도가 올랐어요. 그럼에도 생명체들은 높아진 온도에 적응하지 못하고 사라진 거예요.

과학자들은 지금 지구 온난화를 막지 않는다면 지구 온도가 6도까지 오르는 데 불과 몇 십 년밖에 걸리지 않는다고 말해요. 지구 온난화는 현재 우리에게 닥친 가장 급박하고 끔찍한 위기인 거예요.

이야기 들어

허리케인과
폭우, 강풍, 가뭄이
일상이 된다면

이상 기후가 일상이 되어 버린
사람들의 이야기

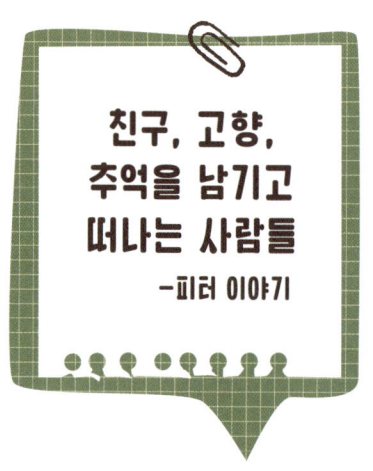

친구, 고향, 추억을 남기고 떠나는 사람들
-피터 이야기

"학교 다녀왔습니다!"

피터가 인사를 하며 문을 여니 트레일러 안은 텅 비어 있었다. 피터는 터덜터덜 들어와 가방을 내려놓고 물을 찾았다. 어젯밤부터 목이 몹시 말랐다. 하지만 구호품으로 받은 물은 아주 적기 때문에 피터는 내내 꾹 참고 점심이 훌쩍 넘은 이제야 물을 한 모금 마신 것이다. 목구멍으로 넘어가는 물맛이 아주 달았다.

한 모금을 달게 삼킨 피터는 물병을 보며 입맛을 다셨다.

"한 모금만 더 마실까?"

몇 모금이고 마시고 싶은 마음이 굴뚝같았지만 피터는 꾹 참았다. 지금 몇 모금을 더 마시면 동생과 부모님이 마실 물이 부족하기 때문이다.

어디를 가도 물이 아주 많았지만 정작 마실 물은 부족했다. 바닷물이 육지로 침범하면서 우물에서도 소금 맛이 났다.

피터는 한숨을 내쉬며 의자에 털썩 앉았다. 문득 피터의 시야에 열린 캐리어 가방이 보였다. 가방 안에는 옷가지와 생필품들이 정리되어 담겨 있었다. 피터의 두 눈이 크게 띄었다.

"설마!"

피터는 벌떡 일어나 서랍을 열었다. 서랍이 텅 비어 있었다. 피터의 가슴이 철렁 내려앉았다. 피터의 부모님은 결국 이곳을 떠나기로 한 것이다. 지난밤에도 심각하게 이 섬을 떠날지 말지를 의논하던 부모님의 목소리를 들으며 잠을 잤다.

"여기서 버티는 건 이제 한계예요. 남은 사람들도 얼마 없고. 허리케인이 한 번 더 온다면 이 트레일러도 날아갈지 몰라요. 우리는 몰라도 애들은 살아야죠."

엄마는 누워 있는 피터의 머리카락을 쓸어 넘기며 울먹였다. 아빠는 아무 말 없이 무거운 한숨만 내쉬었다. 피터는 잠든 척하고 있었지만 새벽까지 잠이 들지 않았다.

'결국 떠나기로 마음먹으신 거구나.'

드르륵.

피터는 힘없이 서랍을 밀어 닫았다. 강한 바람이 트레일러 벽에 부딪히는지 벽에서 쿵쿵쿵쿵 소리가 났다. 이제는 익숙해진 소리였다.

처음 이 트레일러에 왔을 때만 해도 이렇게나 오래 지내게 될 줄 상상도 못했다. 태풍으로 집을 잃은 뒤 이 트레일러는 지난 3년간 피터네 가족의 보금자리가 되어 주었다. 낡고 더러운 트레일러지만 이곳이 있어 고향을 떠나지 않을 수 있었다. 그런 트레일러를 버리고 이제 이 섬을 나가야만 하는 때가 온 것이다.

피터는 밖으로 나가기로 했다. 이곳에 앉아 있으면 눈물을 펑펑 쏟을 것 같았다.

피터네 트레일러가 있는 구역을 벗어나 학교가 있는 마을로 향했다. 그 마을에 있는 건물들은 좀 특이하게 생겼다. 이 섬의 건물들은 모두 공중에 떠 있다. 마치 집에 긴 식탁 다리가 붙은 모양새로 높이 떠 있는 것이다.

해수면이 높아지자 바닷물이 땅으로 밀려들어 왔다. 그 탓에 집들이 침수되는 일이 너무 잦아지자 이런 건축 정책을 펼친 것이다. 높이 떠 있는 집들만 몇 채 있을 뿐 사방은 조용했다. 다리가 부서져 기우뚱해진 집도 있었다. 거리 곳곳에 과일나무들이 비쩍 말라 있었다.

아무도 살지 않는 것 같은

이 섬이 한때는 무척 시끌벅적했다고 한다. 아빠 말로는 석유 회사들이 들어와 섬에 있는 나무를 베며 수로를 만들어 대느라 땅을 끊임없이 팠다고 했다. 그 이후로 홍수가 더욱 빈번해지고 침수되는 일이 많아졌다. 아빠는 지금 물이 채워진 호수가 예전에는 땅이었다고 씁쓸하게 말씀하셨다.

피터는 할아버지 때부터 가축을 키웠던 언덕으로 향했다. 태풍으로 키우던 동물을 모두 잃자 할아버지는 크게 상심한 나머지 병을 얻으셨다. 그리고 얼마 지나지 않아 세상을 떠나셨다.

피터는 할아버지와 나란히 앉아 바다를 바라보던 언덕에 앉았다. 그곳에 앉으니 예전에 할아버지가 했던 말이 떠올랐다.

"피터. 저기 보이는 작은 섬들이 있잖니?"

할아버지의 말에 피터는 사탕을 빨며 바다를 보았다. 바다에는 듬성듬성 작은 섬들이 나와 있었다.

"저 섬들이 원래는 다 하나였단다. 할아버지 어릴 때는 바다를 건너서 저 섬을 가지 않았단다. 걸어서 육지로 갈 수 있었지."

그렇게 말하는 할아버지의 목소리가 어쩐지 서글프게 들렸다.

피터는 할아버지와 함께 바라보던 바다를 보았다. 코끝이 찡해지는 것 같았다.

'이제 이 언덕도 물에 잠겨 사라지는 날이 오겠지?'

추억이 담긴 공간이 세상에서 사라진다는 것은 무척이나 슬픈 일이었다.

"어? 피터!"

뒤에서 자신을 부르는 소리에 피터는 얼른 눈물을 훔치고 돌아보았다. 에릭이었다.

"여기는 어쩐 일이야?"

"그냥 오고 싶어서 왔어."

에릭은 피터 옆에 털썩 주저앉았다. 그러더니 주머니를 뒤적이며 젤리를 하나 꺼내 피터에게 건넸다. 피터는 에릭이 준 젤리를 입에 넣고 우물거렸다.

"또 울었냐?"

"치, 아니거든?"

에릭은 피터의 제일 친한 친구다. 마음이 여린 피터가 종종 친구들의 짓궂은 장난에 울면 늘 에릭이 대신 나서 주었다.

"부모님이 짐을 꾸리셨어."

피터는 왠지 이 말을 에릭에게 제일 먼저 해야 한다고 생각했다. 예상한 대로 에릭의 얼굴은 금세 울적해졌다.

"그래. 다들 떠나니까."

이미 많은 친구들이 부모님을 따라 이곳을 떠났다. 수시로 정전이 되고 땅이 물에 잠기는 이곳에서 모두 생명의 위협을 여러 차례 겪었기 때문이다.

"너희는?"

"아빠는 여기를 벗어나서 어떻게 살아야 할지 모르겠대."

하지만 그럼에도 이곳을 떠나지 않는 사람들도 있었다. 에릭의 아빠처럼 이곳에 남는 사람들도 있었다. 이주를 하면 평생 해 온 생업을 버려야 한다. 낯선 환경에서 난민이 되어 차별 섞인 시선을 받아가며 맨몸으로 적응해야만 한다. 그래서 에릭의 아빠는 정부의 이주 정책에 반대하는 시위를 하기도 했다. 세대를 이어 삶의 터전을 꾸린 이곳을 벗어나 낯선 이주 지역으로 가기를 거부한 것이다.

그런 이유로 정부에서는 집단 이주 정책을 펼쳤지만, 여러 번 실패했다. 거리에는 이주에 반대하는 현수막과 이주를 장려하는 현수막이 지저분하게 굴러다니고 있었다.

그러나 아마 에릭 가족도 곧 섬을 떠날 것이다. 이미 섬은 대부분 물에 잠기고 있었다.

"어디를 가든 잘 살아야 해. 피터."

에릭은 애써 웃으며 피터의 어깨를 두드려 주었다. 그렇지만 끝내 목소리에 울음이 묻어났다. 피터는 그만 참지 못하고 울음을 터트렸다. 피터와 에릭은 서로 얼싸안고 울었다.

다음 날, 피터네 가족은 가방을 끌고 트레일러를 나섰다. 냄새나고 낡은 트레일러였지만 피터는 자꾸만 뒤를 돌아봤다.

'다시 돌아올 날이 올까?'

피터는 동생의 손을 잡고 아빠, 엄마의 뒤를 따라 걸었다. 그때 저 멀리서 에릭의 목소리가 들렸다.

"피터! 잘 가!"

피터는 고개를 번쩍 들어 목소리가 들리는 곳을 보았다. 에릭은 어제 만났던 언덕에 서서 피터를 향해 손을 크게 흔들고 있었다.

"에릭! 잘 지내! 건강해야 해!"

피터는 있는 힘껏 소리를 쳤다. 할 수 있는 한 가장 크게 손을 흔들었다. 에릭이 잘 볼 수 있도록. 하지만 에릭의 모습은 눈물에 젖어 자꾸만 흐려졌다.

'안녕, 에릭. 안녕, 나의 고향.'

제방을 지키는 사람들
—마키 이야기

흙을 퍼서 위로 올리던 아저씨가 아빠를 향해 외쳤다.

"그만하고 피합시다!!"

"하지만 이대로 두면 제방이 무너질지 몰라요!"

"더 이상은 위험해요! 어서 높은 지대로 가야 합니다."

마키는 불안한 눈으로 아빠를 보았다. 빗방울이 굵어지고 있었다. 굵어진 빗방울이 순식간에 장대비로 돌변했던 적이 이미 여러 번이다.

아빠는 불안한 눈으로 하늘을 올려다보다 마키를 보았다. 아빠를 도우러 나온 마키는 맨발에 흙 범벅이 된 티셔츠 차림이었다. 아빠는 망설이다 고개를 끄덕였다.

마키는 흙으로 높이 쌓아 올린 제방을 바라보며 애타게 기도했다.

'제발 잘 버텨 줘야 해.'

마키와 아빠, 그리고 사람들이 이렇게 제방에 많은 신경을 쓰는 건 폭우로 인한 홍수와 태풍 때문이다. 마키가 아주 어릴 적에만 해도 이렇게 자주 사이클론이 오지 않았다. 하지만 이제는 일주일에도 몇 번씩 사이클론이 와서 벵골만을 초토화시킨다.

아빠 말로는 벵골만 바다의 물이 점점 뜨거워져서 사이클론이 잦아지고, 더 강해진다고 했다. 마키가 사는 방글라데시는 이상 기후로 제일 피해가 큰 나라라고도 말씀하셨다. 그 말을 듣고 마키는 매일 자기 전에 기도를 했다.

'제발 바다의 물이 뜨겁지 않게 해 주세요. 태풍이 오지 않게 해 주세요.'

하지만 원망스럽게도 하늘은 마키의 기도를 못 들은 모양이었다. 사이클론은 시도 때도 없이 일어났다. 비가 많이 오는 우기와 적게 오는 건기가 오는 주기도 예전과 달라졌다. 논밭에는 바닷물이 들어와 곡식을 키울 수도 없었다. 무성했던 숲은 나무가 말라죽어 갔다. 예전에 논이었던 곳은 이제 새우를 키우는 양식장이 되었다.

결국 마키네 가족은 살던 섬에서 나와야 했다. 하지만 어렵사리 이주한 곳도 사이클론의 피해에서 벗어날 수는 없었다. 또다시 살 곳을 찾아 사람들은 이주하고 또 이주해야 했다.

이주를 해서 낯선 지역에 정착하는 일은 온전히 마키네 가족이 감당해야 했다. 이미 가난한 재정으로 피해 지역을 복구해야 해서 정부에서는 어떤 지원도 해 주지 않았다. 그래도 바닷물에 잠겨 죽은 땅에서 살아갈 수는 없었기에 마키 가족은 또 다른 살 곳을 찾아 떠났다.

그렇게 이주를 시작하면서 마키는 자신에게 '집'과 '고향'이 있었다는 것이 점점 까마득하게 느껴졌다. 어딘가에 도착해도 엄마는 더 이상 짐을 다 풀지 않았고, 곧 떠날 수 있다는 생각을 늘 했다.

정착할 돈은 점차 줄어들었고 행색은 남루해졌다. 마실 물이 늘 없어 먼 곳까지 물을 받으러 가야 했다. 살 곳을 찾아 헤매는 것이 간절해질수록 그만큼 가족들은 지쳐 갔다. 자주 웃던 사람들조차 이제는 웃음을 잃어버렸다.

그렇게 이동하다 보니 수도인 다카의 근처까지 오게 됐다. 이곳은 마키네 가족처럼 안전한 터전을 찾아온 사람들이 모여 사는 곳이었다. 방글라데시 각지에서 일어나는 크고 작은 홍수를 피해 떠나온 사람들이었다.

이곳에서 알게 된 비비는 몇 해 전까지만 해도 여기서 살지 않았다고 했다. 홍수가 심할 때만 도시로 와서 일하고 고향으로 돌아갔다고 한다. 그러나 수해가 너무 잦아지고 비비의 부모까지 물난리에 건물이 무너져 돌아가셨다. 더 이상 집을 복구할 여력이 없어지자 아예 도시로 와서 살게 된 것이다. 비비와 같은 사람들이 이곳에는 아주 많았다.

더러운 텐트와 판잣집으로 이루어진 난민촌이었다. 그래도 전에 지내던 곳보다는 날씨가 좋았다. 비가 내리지 않았고, 태풍이 와 뜬 눈으로 밤을 지새우는 날이 적었다.

그렇게 날씨가 안정되니 마키네 가족들의 얼굴도 점차 밝아졌다. 물론 난민촌에서 생활하는 것은 고통스러웠지만, 다시 시작할 수 있다는 희망을 조금씩 품을 수 있었다. 비비의 말로는 그래도 이곳이 수도 다카의 빈민촌보다는 나은 사정이라고 했다.

마키의 아빠는 강을 건너는 배를 모는 뱃사공 일을 시작했다. 엄마는 작물을 키우는 밭에 나가 일했다. 마키는 긴 줄을 서서 식구들을 위해 물과 음식을 받아 왔다. 때로는 절도와 강도가 난민촌에서 일어나기도 했다. 그럴 때는 무서워서 밖에 나가고 싶지 않았지만 그래도 마키네 가족은 나름 잘 적응해 보려고 애썼다.

"그래도 이제 괜찮아질 거야."

부족한 음식을 아껴 먹으며 아빠는 애써 가족을 위로했다. 마키와 엄마도 마음을 다잡았다. 그런데 그날 아침 갑자기 하늘에 먹구름이 끼기 시작한 것이다.

아빠는 걱정스러운 얼굴로 하늘을 보다 제방으로 향했다. 아빠와 같은 마음을 한 사람들이 여러 명이었는지 제방에는 이미 사람들이 많이 나와 있었다.

평화로워 보이는 강이지만 비가 쏟아지면 순식간에 물이 불어난

다. 제방을 넘어 물이 들어오면 가진 모든 것을 다시 잃어야 한다. 애써 키운 작물도 수확할 수 없게 될 것이다.

사람들은 누가 시키지도 않았는데도 흙을 퍼 날랐다. 제방을 더 단단하게, 또 더 높게 쌓아 올려야만 했다. 하지만 제방을 쌓을수록 뭔가 불안했다. 쌓아도, 쌓아도 부족한 것만 같았다.

불길한 예감은 적중했다. 밤이 되자 빗줄기가 거세지고 비바람이 몰아친 것이다. 아빠 말로는 방글라데시는 해수면보다 낮은 지역이 많아서 태풍이 오면 바닷물이 강까지 거슬러 온다고 했다. 그래서 강이 쉽게 흘러넘쳤다.

마키 아빠는 안절부절못하다가 바깥으로 나설 채비를 했다. 마키와 엄마는 깜짝 놀라 외쳤다.

"아빠, 어디 가시려고요?"

"설마 제방을 가려는 건가요?"

아빠는 결연한 얼굴로 고개를 끄덕였다. 아빠의 손에는 양동이와 삽이 들려 있었다.

"간신히 이곳에서 살 수 있게 되었는데, 또 터전을 잃을 수는 없어."

"하지만 강이 넘칠 수도 있어요. 너무 위험하다구요."

엄마는 아빠의 손을 붙들고 만류했다. 마키는 두려움에 꼼짝할 수 없었다. 사이클론과 홍수로 세상을 떠난 사람들은 매우 많았다. 아빠가 위험해질 수도 있다는 생각이 들자 온몸이 떨렸다.

아빠는 엄마의 손을 떼어 내며 말했다.

"이대로 있어도 위험하긴 마찬가지야. 어떻게든 살 궁리를 해야지."

"아빠, 저도 갈래요!"

걱정스러운 마음에 마키가 따라나서려 하자 아빠가 엄한 얼굴로 말했다.

"안 된다. 마키. 넌 여기 남아."

그리고 아빠는 바깥으로 나갔다. 낡은 판잣집의 사방에서 빗줄기가 거세게 부딪히는 소리가 들려왔다.

엄마는 울음을 터트렸다. 마키는 울먹이며 빗속으로 사라지는 아빠의 등을 바라보고만 있었다.

산불을
피해 온 사람들
-리아 이야기

 리아와 엠마는 슬금슬금 소방차 근처로 다가갔다. 저쪽에서 대원들에게 빠르게 말하고 있는 소방관인 삼촌이 보였다. 기웃거리는 리아를 발견한 삼촌이 화들짝 놀랐다.

 "너희들! 세상에. 왜 여기에 있어? 엄마는?"

 "친구 집에 놀러 왔어. 갑자기 사이렌 소리가 들리잖아. 삼촌일까 해서 나왔지!"

 리아는 어깨를 으쓱이며 말했다. 밖에서 일하는 삼촌을 본 건 처음이어서 신기했다.

"이러고 있으면 어떡해. 어서 피해야지."

"에이. 저번에도 산불이 났지만 괜찮았는데요, 뭐."

엠마가 과자 봉지에서 과자를 꺼내 먹으며 대수롭지 않게 말했다. 그러자 삼촌은 심각한 얼굴로 아이들을 살펴보았다.

"얘들아. 잘 들어. 이건 장난이 아니야. 삼촌이랑 하던 대피 게임이 아니라 실제 상황이라고. 산불은 정말 위험한 재난이야."

삼촌은 리아의 어깨를 꽉 붙들고 엄하게 말했다. 리아는 얼떨떨한 얼굴로 고개를 끄덕였다.

"얼른 피해. 친구네 가족도 어서 피하라고 전하고."

"왜 그래? 삼촌이 출동했으면 괜찮은 거 아니야?"

삼촌은 고개를 저었다. 그리고 손가

락으로 검은 연기와 붉은 불꽃을 내뿜는 산등성이를 가리켰다.

"저기 보이니? 헬기도 접근하기 어려울 정도로 큰 산불이 났어. 민가로 번질 위험이 있으니 서둘러 대피해야 해."

그제야 사태가 심상치 않다는 걸 깨달은 리아와 엠마는 마른침을 삼켰다. 그때였다. 엠마의 모자가 휙 날아갈 만큼 강한 바람이 불었다. 모자는 너울거리며 저편으로 날아갔다. 허공은 뿌연 연기로 가득 차 있어 모자는 순식간에 종적을 감췄다.

"맙소사."

삼촌은 탄식하며 휴대폰을 꺼내 급히 리아의 엄마에게 연락했다. 삼촌이 빠르게 위치를 설명하는 동안 리아와 엠마는 할 말을 잃은 채 눈앞에 펼쳐진 광경을 보았다. 바람이 불면서 불길은 확 거세졌다. 바람을 탄 산불은 마치 살아 있는 것처럼 너울대며 산을 뒤덮고 있었다.

리아의 엄마가 올 때까지 엠마의 집으로 가서 기다리기로 했다. 엠마의 부모님도 직장에서 서둘러 돌아오시기로 했다. 얼마나 시간이 흘렀을까? 리아는 손톱을 깨물며 연신 시계를 보았다. 아까 확 번지던 산불의 기세가 아직까지도 눈에 선했다.
"나 그렇게 큰 불은 처음 봤어. 잘 꺼지겠지?"
"모르겠어. 나도 무서워서 바깥에 못 나가겠어."
"어떻게 된 건지 뉴스라도 봐 볼까?"
"그래! 좋아."
엠마가 리모컨을 손에 쥔 순간, 갑자기 불이 꺼졌다. 시원하게 돌아가던 에어컨 소리마저 잦아들었다. 두 눈이 휘둥그레진 리아와 엠마가 주변을 살펴보다 창문을 열었다. 더운 바람이 확 얼굴에 끼쳤다. 바람에는 탄 냄새가 섞여 있었다. 공기가 뿌옜고, 창문을 열자마자 실내는 너무나 더워졌다. 그리고 보니 얼마 전 뉴스에서 2018년인 올해 캘리포니아에 기록적인 더위가 이어지고 있다고 보도한 말이 떠올랐다.

"엠마. 정전인가 봐. 어떻게 하지?"

두려움에 리아의 목소리가 떨렸다. 그 순간 휴대폰이 거세게 울렸다. 리아가 전화를 받자마자 휴대폰 너머로 다급한 목소리가 흘러나왔다.

"리아. 지금 집 앞이니까, 엠마랑 얼른 나오렴."

바깥으로 나오니 뿌옇고 뜨거운 공기가 두 아이의 얼굴을 덮쳤다. 너무 더워 도로에 아지랑이가 일었다.

아이들이 나오자마자 리아의 엄마와 엠마네 부모님을 만날 수 있었다. 두 아이는 그 길로 부모님의 차를 탔다. 그때까지만 해도 리아와 엠마는 집으로 금방 돌아올 수 있을 줄 알았다. 그렇게 오랫동안 집을 떠나 있게 될 줄은 꿈에도 생각하지 못했다.

"아빠, 우리는 언제 집에 가요?"

리아의 질문에 아빠는 난처한 표정만 지을 뿐 선뜻 대답하지 못했다. 대피소로 마련된 텐트촌에는 리아네 마을 사람들이 많았다. 이번 산불로 주택이 만여 채 탔다고 했다. 모두 순식간에 살 곳을 잃어버린 것이다. 공기 중에 재가 날려 사람들은 마스크를 쓰고 다녀야만 했다.

텐트촌에서 생활하는 것은 열악하기 짝이 없었다. 엠마네 가족은 견디다 못해 지난주 다른 주에 있는 친척네로 옮겨 갔다. 오염된 공기로 엠마의 건강이 나빠졌던 것이다. 엠마가 떠날 때 리아는 펑펑 울었다.

슬픔은 거기서 그치지 않았다. 뉴스에서는 늘 산불이 번진다는 소식만 들려왔다. 정부는 산불을 진압하려 애썼지만, 산불은 좀처럼 잡히지 않았다. 오히려 산발적인 산불이 더욱 늘어 산불 규모가 커졌다. 어제 간신히 온 힘을 다해 산불을 누그러뜨렸다는 뉴스가 그나마 희소식이었다.

"산불이 왜 이렇게 자주 일어나는 걸까요?"

"리아도 그렇게 느끼니. 예전보다 더 자주 산불이 일어나지?"

"네. 너무 자주 일어나요."

리아가 힘없이 중얼거리자 아빠가 씁쓸한 얼굴로 대답했다.

"모두 이상 기후가 만든 악순환 때문이란다."

"이상 기후요?"

"그래. 공기 중에 이산화탄소가 늘어나면 지구 온난화가 심각해지지 않니?"

리아는 산불에 대한 이야기에 갑자기 지구 온난화가 나오자 고개를 갸웃거렸다.

"지구 온난화요? 그게 산불이랑 무슨 상관이 있어요?"

"보렴. 지구 온난화가 심해지면서 폭염이 심해졌단다. 더위로 나무들은 바싹 말라서 불에 타기 좋은 상태가 되었지. 그래서 거대한 산불이 일어나게 된 거야. 산불이 일어나니 탄소를 흡수해 줄 나무는 더욱 사라지지. 그러면 공기 중 탄소는 더욱 많아져 온난화는 더욱더 심해지는 거야. 그럼 또 산불이 일어나기 쉬워지고 말이야."

"아."

리아는 탄식했다. 아빠의 말대로 그야말로 악순환이었다.

"그게 우리가 집에 못 가게 된 이유란다."

아빠는 안타까운 목소리로 이야기했다. 리아는 가슴이 답답해졌다. 산불만 끄면 집에 갈 수 있을 줄 알았다. 아빠의 이야기를 들으니 산불만 끈다고 해서 해결될 일이 아니었다.

리아는 지구 온난화가 끼치는 악영향을 뼈저리게 느꼈다.

비상사태!
지구촌 곳곳에서 기후 난민이 생겨나고 있다!

여러분은 난민이라는 말을 들어 보았나요? '난민'이라고 하면, 전쟁이나 정치, 종교 갈등으로 인해 자기 나라를 떠나 해외로 몸을 피하는 사람들을 떠올릴 거예요. 하지만, 이제 전쟁이나 아무 갈등이 없어도, 평범한 일상을 살다가 갑자기 난민이 될 수 있어요. 바로 기후 위기와 이상 기후 때문이에요.

기후 난민과 가장 관련 있는 기후 변화는 바로 '해수면 상승'과 '이상 기후'를 꼽을 수 있어요. 그리고 그 배경에는 온실가스로 인한 지구 온난화가 자리하고 있지요.

해수면 상승, 가뭄, 태풍, 홍수······ 이상 기후로 인해 난민이 된 사람들

지구 온난화가 심해지면서 극지방의 빙하가 빠른 속도로 녹아내리고 있어요. 얼음이 녹아 물이 되니 자연스럽게 바다의 수면이 높아졌지요. 해수면이 높아지면서 해안가에 있는 도시와 섬들은 점점 물에 잠기게 되었어요. 자연스럽게 그곳에 살던 사람들과 동물들은 살 곳을 잃어버리게 돼요. 점점 좁아지는 땅 위에서 버티다가 결국, 살던 터전을 버리고 떠날 수밖에 없는 거예요.

그뿐만이 아니에요. 가뭄이 더욱 심해져 물이 모두 말라 버리는 일도 일어나요. 특히 아프리카는 지금 심각한 가뭄 위기를 겪고 있어요. 씻을 물은커녕 마실 물도 부족하지요. 바싹 마른 땅에서는 작물도 제대로 자라지 않아요. 날이 건조해지면 산불도 쉽게 일어나요. 결국 사람들은 물이 있는 곳을 찾아 이주해야만 합니다.

또, 일 년에 손에 꼽을 정도로 오던 태풍이 이상하게도 일주일마다 찾아와요. 잦은 태풍으로 집도 무너지고, 엄청난 비를 몰고 와서 홍수를 일으키지요. 사람들은 태풍 피해에 시달리다 결국 안전한 곳을 찾아 떠나고 말아요.

▲ 2017년 허리케인 마리아로 폐허가 되어 버린 푸에르토리코의 건물들

출처: U.S. Customs and Border Protection

　재난 영화의 한 장면 같은 이런 상황이 실제로 일어나고 있어요. 바로 지금 이 순간에 말이에요.

　해수면이 오르는 것은 물론이고 가뭄, 홍수, 태풍 등 이상 기후로 인해 집과 고향을 잃은 사람이 잇따라 나오고 있어요. 이렇게 기후 위기로 인해 살던 곳을 잃고 떠도는 난민을 '기후 난민'이라고 말해요. 한편 환경이 파괴되며 터전을 잃어버린 사람들도 있어요. 이런 난민을 '환경 난민'이라고 해요. '기후 난민'과 '환경 난민'을 통틀어 '생태학적 난민'이라고 해요.

분쟁으로 인한 난민보다 세 배나 더 많은 기후 난민들

2021년 유엔난민기구가 충격적인 결과를 발표했어요. 근 10년간 지구 온난화로 인한 기후 위기 때문에 난민이 된 사람들은 2억 1000만 명 정도나 된다는 거예요. 그 수치가 어마어마하지요. 국제난민감시센터(IDMC)에 따르면 전쟁 등으로 생겨난 난민보다 기후 변화로 생겨난 난민이 무려 세 배 더 많다고 해요. 앞으로의 전망은 더욱 어두워요.

◀ 기후 위기는 곧 더 많은 기후 난민을 낳는다. 2019년 9월 20일 호주 멜버른에서 기후 파업에 나선 사람들

ⓒ Takver from Australia

출처: Climatechange=moreclimate refugees. #Melbourneclimatestrike IMG_5187

"우리는 지금 돌이킬 수 없는 지점에 와 있습니다. 우리는 반드시 자연과의 전쟁을 멈춰야 합니다."

유엔사무총장 안토니우 구테흐스는 현재 지구에 '비상경보'가 울리는 상황이라고 말했어요. 세계경제포럼(WEF)이 2018년에 발표한 바에 따르면 2050년까지 지구 온난화를 막지 않는다면 최소 12억 명이 기후 난민이 된다고 예상해요.

더 충격적인 전망이 있어요. 우리가 지구 온난화를 막기 위해 탄소 배출량을 줄이고 줄여, 2050년까지 탄소 배출량이 '0'이 되는 '탄소 중립'을 이룬다고 해도 해수면이 55cm나 상승한다는 거예요. 이것은 곧 얕은 땅, 섬나라들은 머지않아 지도상에서 사라질 위기에 처한다는 이야기지요. 지금 그곳에 살아가는 사람들은 영락없이 기후 난민이 되고 마는 거예요.

그저 남의 일이라고 생각할 수 없는 이유

정치적, 문화적, 종교적 갈등 때문에 생기는 난민들과 달리, 기후

　난민은 아무 예고 없이 누구나 될 수 있어요. 지구상에서 기후의 영향을 받지 않는 곳은 없기 때문이에요. 기후 난민이 된 사람들은 모두 평화롭게 일상을 살다가 갑자기 닥친 기후 변화로 삶의 터전을 잃었지요.

　그나마 전쟁과 분쟁으로 인해 난민이 된 사람들은 국제법의 보호를 받을 수 있어요. 하지만 기후 위기로 인해 난민이 된 사람들은 국제법의 보호를 받을 수 없어요. 나라 내 문제로 인해 난민이 된 것이 아니라서 책임과 보호의 소지가 불분명하기 때문이에요.

　게다가 기후 위기가 너무 빠르게 진행돼, 이에 대해 어떻게 대처해

◀ 2011년 아프리카 북동부 지역의 극심한 가뭄으로 케냐에 들어선 텐트촌

ⓒ DFID – UK Department for International Development
출처: Refugee shelters in the Dadaab camp, northern Kenya, July 2011

야 할지 충분히 논의하고 대비할 시간도 없었지요. 그래서 기후 난민이 된 사람들은 국제 사회의 보호를 받을 수 있는 '난민'의 지위를 받기도 어려운 상황이에요.

　기후 난민 문제를 해결할 방법은 아직 마련되지 않았는데, 문제는 점점 커지고 있어요. 매년 기후 재난으로 인해 이재민이 생겨나거든요. 기후 난민은 지구촌 문제가 되었답니다. 지금 이 시각에도 지구 어디에선가는 기후로 인해 삶의 터전을 잃은 사람들이 생겨나요. 2008년 이후부터 그 속도가 1분에 41명이 생겨나는 격이라고 해요.

　그런데도 아직 많은 사람들이 기후 난민 문제에 대해 모르고 있어요. 당장 내 일이 아니라고 해서 관심을 갖지 않는다면 지구에 사는 모두가 기후 난민이 되는 최악의 상황을 맞을지도 몰라요.

　당장 기후 난민 문제에 시달리고 있는 나라들을 살펴볼까요?

지도에서 사라질 위기에 처한 섬나라, 키리바시

　2016년 리우 올림픽에서는 역도 부문 경기에서 모두의 주목을 받은 선수가 있었어요. 바로 키리바시의 역도 국가대표 선수 데이비드 카토 아타우 선수입니다.

　105kg급에 출전한 데이비드는 자신이 도전하는 무게를 들어 올리

지 못했지요. 경기에서 실패했음에도 그는 역기를 내려놓자마자 익살스러운 표정으로 갑자기 춤을 추었답니다. 그가 이렇게 올림픽에 나와 춤을 춘 이유는 무엇일까요?

"저는 조국 키리바시의 위험을 전 세계 사람들에게 알리기 위해 올림픽에 출전했습니다."

데이비드의 조국 키리바시는 해수면이 상승하면서 국토가 물에 잠기고 있었어요. 하지만 전 세계 사람들은 키리바시가 어디에 있는 나라인지조차 알지 못하지요. 데이비드는 사람들에게 지구 온난화로 인해 조국이 사라질 위기에 처했음을 널리 알리고자 춤을 춘 거예요.

키리바시의 현실은 매우 안타까워요. 태평양의 섬나라 키리바시는 국토의 높이가 해수면보다 고작 1.8m 높답니다. 만일 지구 온난화가

지금 같은 속도로 진행된다면 21세기 말에는 해수면이 0.9m 정도 오를 거라고 예상해요. 그렇게 되면 키리바시는 사람이 살기 어려운 곳이 된답니다. 키리바시에 사는 11만 명도 살 곳을 잃어버리게 되고요. 키리바시는 현재 피지 섬에 있는 땅을 사서 국민을 이주시키는 계획을 검토하고 있어요.

"지금 키리바시에는 죽음의 과정이 진행되고 있습니다."

_ 아노테 통 키리바시 대통령

키리바시의 사람들이 당장 겪는 고통도 만만치 않아요. 해마다 내리는 비가 적어서 마실 물은 오히려 부족한 상황이에요. 바닷물이 점점 육지로 침범하면서 식수로 마시는 지하수까지 소금물이 되고 있어요. 작물을 키울 땅들이 물에 잠기면서 주민들은 농사를 짓기도 어려워요.

사람들은 결국 시설이 제대로 갖춰진 수도 타라와로 이주해야만 했지요. 사람들이 한곳에 모여들게 되면 다양한 분쟁에 시달리게 돼요. 좁은 땅에서 너무 많은 사람들이 모여 살다 보니 일자리를 찾기 힘들고, 물가가 너무 올라서 살기가 어려워진 거예요. 생활 환경이

형편없어지면서 치안과 위생 시설도 나빠졌어요.

"기후 난민의 자격으로 이민을 가기를 희망합니다!"

사정이 이렇다 보니 키리바시의 사람들은 난민 자격을 얻어 다른 나라에 이주하는 걸 희망하고 있어요. 하지만 이것도 쉬운 일이 아니랍니다.

키리바시의 국민 이와네 테이티오타는 뉴질랜드로 이민을 가기 위해 청원했지만 결국 거절당하고 말았어요. 국제법상 기후 위기로 인한 난민 자격을 인정한 경우는 아직 없었기 때문이에요. 하지만 이와네 테이티오타는 포기하지 않고 '난민으로 인정해 달라고' 유엔에 다시 진정서를 제출했어요. 그 결과, 4년이 흐른 2020년에 그는 기후 난민으로 처음 인정받게 됩니다.

국제 사회는 아직까지 겪어 본 적 없는 기후 난민 문제에 대해 아무 준비가 되어 있지 않은 상황이에요. 수몰 위기에 처한 키리바시의 국민들이 새로운 터전을 하루속히 찾을 수 있도록 국제 사회가 관심을 기울여야 한답니다.

제발 우리 국민을 구해 주세요! 투발루

　키리바시처럼 해수면이 상승해서 국토가 수몰될 위기에 처한 나라가 또 있어요. 바로 남태평양의 중앙에 있는 섬나라 투발루예요. 투발루 역시 키리바시처럼 국토가 낮고 평평해요. 그렇다 보니 바닷물이 조금만 올라와도 땅의 많은 부분이 잠기지요. 이미 투발루 9개의 섬 중 2개는 바다 아래로 잠기고 말았어요.

　바닷물이 차오르며 피해가 심해지자 투발루 정부는 주변 나라들에게 도움을 요청했어요. 자국민의 이민을 받아들여 달라는 절박한 요청을 보냈지요.

하지만 주변 나라들은 아직까지 투발루의 이민을 적극적으로 받아들이지 않아요. 호주는 투발루 정부의 이민 요청을 거절했어요. 뉴질랜드는 '40세 이상이고 신체가 건강하고 뉴질랜드의 직장을 가진 사람만' 이민을 할 수 있지요. 그것도 매년 75명에 한해서 말이에요.

대다수의 투발루 사람들은 당장 어느 곳에도 가지 못하고 바다에 잠기는 고향을 바라보고만 있어요. 그것도 바닷물이 침범해서 일어나는 다양한 문제들을 겪으면서 말이에요.

투발루도 토양에 짠 바닷물이 스며들어 더는 작물을 키울 수 없는 땅이 되어 버리고 있어요. 그로 인해 사람들은 식량 문제를 겪고 있어요. 식수가 오염되어 물 부족 문제가 생기고 위생이 나빠져서 이로 인해 창궐하는 질병에 시달리고 있지요.

사람들은 이민이 가능한 가족들과 생이별을 하거나 속수무책으로 정부의 대책만을 간절히 기다리고 있어요. 이대로라면 투발루는 해수면 상승으로 가장 먼저 지도에서 사라지는 나라가 될지 몰라요.

관광지로 유명한 몰디브 역시 키리바시와 투발루와 같이 수몰 위기에 처한 곳이에요. 지구 온난화가 이대로 진행된다면 많은 해안가 도시와 섬나라들이 물에 잠기게 될 거랍니다.

섬나라만의 위기가 아니다! 대도시에 불어닥친 이상 기후

해수면 상승만 위험한 건 아니에요. 기후 위기는 이상 기후라는 다양한 얼굴로 우리를 찾아오고 있거든요. 전 세계는 지금 산불로 인해 이산화탄소 배출에서 연일 최고치를 기록하고 있어요. 캐나다, 호주, 터키, 그리스, 미국 등 많은 나라들이 대형 산불로 고통 받고 있지요. 특히 미국 캘리포니아는 산불이 마치 일상처럼 되풀이되고 있어요. 매년 산불이 수천 건씩 일어나고 있다고 해요.

그중 역대 최악의 산불이라고 불리는 2017년 캘리포니아 산불로 인해 1140km^2가 불탔고 10만 명이 피난을 떠나야 했어요. 2021년 8월에 일어난 딕시 산불로는 서울 면적의 4배가 넘는 규모의 산림이 불에 타고 말았지요.

산불이 일어나 나무가 불타면 이산화탄소가 엄청나게 생겨요. 화재로 기온이 오르고, 기온이 오르면 화재가 더 자주 생기지요. 이산화탄소를 흡수하는 나무도 죽게 되어 공기 중 탄소 농도는 더욱 짙어지고요.

미국의 언론인이자 연구원인 데이비드 월러스 웰즈가 쓴 세계적인

◀ 2020년 1월 호주 산불 현장. 이상 고온과 가뭄으로 호주에서는 산불이 자주 나고 있다.

ⓒ Nick-D

▲ 2016년 브라질 마라냥 주에 있는 아마존 열대우림이 개발을 위해 파괴되고 있다.

ⓒ Ibama from Brasil 출처: Operação French Wood, Julho/2016

환경 도서 《2050 거주 불능 지구》에 따르면, 전 세계 탄소 배출량의 약 25%가 바로 산불이 원인이라고 해요. 아무리 환경을 위한 정책을 펼치더라도 산불이 한 번 일어나면 아무 소용이 없어요. 그만큼 산불은 환경에 악영향을 준답니다.

그럼에도 불구하고 브라질에서는 아마존 열대 우림을 일부러 태워 개발하고 있어요. 당장의 이익을 위해 산림을 태운다면 우리는 얼마 가지 않아 더 큰 피해를 입게 될 거예요.

일상이 된 허리케인, 사이클론! 하루가 멀다 하고 태풍이 찾아온다면?

가을철이면 우리나라에도 태풍이 찾아오고는 해요. 그때마다 외출을 삼가고 창문을 꼭 닫고 안전에 주의를 기울이도록 당부하지요. 그럼에도 태풍이 몰고 오는 강한 비에 침수 피해를 입거나, 강한 바람이 불어 나무나 간판, 지붕이 뽑혀 나가는 살풍경이 종종 벌어져요.

태풍은 우리 삶을 송두리째 삼켜 버릴 정도로 파괴적인 재난이에요. 그런데 이런 태풍이 만일 한 달에 수차례, 아니 일주일에 수차례씩 온다면 어떨까요?

▲ 2007년 사이클론 시드르가 휩쓸고 간 방글라데시의 한 마을. 태풍이 쏟아내는 폭우는 심각한 홍수를 일으킨다.
출처: U.S.Marine

▶ 방글라데시의 기후 난민들

ⓒSabbir 출처: 위키피디아

방글라데시는 기후 변화로 위한 엄청난 위기를 겪는 나라 중 하나예요. 이상 기후로 인해 벵골만에 있는 해안가 마을과 섬들은 매년 열대성 폭풍우에 큰 피해를 입고 있어요. 바닷물의 온도가 높아지면서 사이클론이 찾아오는 횟수가 더욱 잦아지고 있거든요.

더 절망적인 것은 이 사이클론의 영향력이 기후 변화로 인해 점점 강해지고 있다는 거예요. 지구 온난화는 태풍의 영향력을 더욱 키워 주는 효과가 있거든요. 사람들이 제방을 단단히 쌓아 태풍과 홍수를 막으려 애를 써도, 점점 강력해지고 더욱 자주 오는 사이클론 앞에서는 속수무책일 수밖에 없어요. 방글라데시는 홍수와 비바람으로 농경지와 삼림이 훼손되어 이미 100만 명의 이주민이 생겨나고 말았지요.

방글라데시의 수도 다카 근처에는 큰 빈민촌이 있어요. 사이클론으로 집과 터전을 잃은 사람들이 모여들어 만들어진 곳이지요. 정부의 지원도 제대로 받을 수 없어서 빈민촌에서 생활하는 것은 생계를 유지하기 힘든 수준이라고 해요. 이상 기후만 아니었다면 모두 고향에서 평범한 일상을 누리며 살아갔을 사람들이지요.

지구촌에는 지금 기후 위기로 인한 피난민이 속출하고 있어요. 앞서 기후가 지리적인 영향을 받는다고 이야기했어요. 그래서 저위도

에 속한 나라들이 더욱 기후 변화에 취약하지요. 방글라데시, 필리핀과 같은 남아시아에 있는 나라들은 더욱 큰 피해를 입고 있지요.

  하지만 다른 국가들도 안전한 것은 아니에요. 태풍이나 해수면 상승이 아니어도, 기후 위기는 얼마든지 다른 얼굴로 우리에게 다가올 수 있거든요. 큰 비로 홍수 피해를 입은 중국, 폭염에 시달리는 러시아, 가뭄으로 말라붙은 몽골 등. 지구에 있는 모든 나라들이 이상 기후에 한해서는 안전지대가 없다는 걸 명심해야 해요.

이야기 셋

기후 위기가
어느 한 나라만의
이야기가 아닌 이유

자원 전쟁, 식량 위기, 난민 갈등……
기후 위기는 어떤 모습으로 우리에게 다가올까?

가뭄이 불러온 생각지도 못한 분쟁들

하늘은 금방이라도 비가 쏟아질 듯 흐린 회색이었다. 하늘의 색만큼이나 수민이의 얼굴도 어두워졌다. 이모가 들려준 기후 난민이 된 아이들은 세계 곳곳에 있었다. 일부 섬나라만의 이야기가 아니었다. 잘사는 나라의 사람들도 태풍과 산불 같은 이상 기후로 살던 곳을 잃고 난민촌에서 살아가고 있었다.

이모는 굳어 버린 수민이를 보며 쓸쓸한 얼굴로 말했다.

"이상 기후 때문에 일어나는 재난은 한 나라의 이야기만이 아니야. 여러 나라에 걸쳐진 이야기지."

"여러 나라요?"

이모는 말없이 고개를 끄덕였다.

"세계는 이제 혼자 살아가는 나라가 없어. 모두 다른 나라와 교류하고 있거든. 이 점은 도움이 될 때도 있지만, 엄청난 위험 요소가 될 때도 있어. 이상 기후로 인해 전 세계 사람들이 어떤 위기를 겪게 되었는지 한번 들어 볼래?"

수민이는 다시금 이모의 이야기에 귀를 기울였다.

> 2010년 러시아 서부 8월

미하일은 장부를 들여다보다 한숨을 내쉬었다. 마침 사무실로 들어오던 유리가 미하일을 보고 걱정스러운 표정을 지었다.

"왜 그래? 미하일."

"휴. 올해 수확량은 정말 바닥이야. 이래 가지고는 수출은커녕 우리 먹을 양도 부족하겠어."

미하일의 말에 유리의 얼굴도 급격히 어두워졌다. 밀은 러시아의 대표적인 수출품이다. 러시아에 막대한 돈을 벌어들이는 밀 작물량이 올해는 무척 줄었다. 작년에 비해 무려 25%나 수확량이 떨어졌다.

올해 밀 농사가 흉작이 될 조짐은 진작부터 있었다. 원래 밀은 서늘한 날씨에 잘 자라는 작물이다. 차가운 기후 지대에 속하는 러시아는 밀을 키우기에 적합했다. 미하일이 농사짓는 땅은 밀의 곡창 지대라고도 불렸다.

그런데 올해는 사정이 달라졌다. 난데없는 폭염이 닥친 것이다. 밀 이삭은 땅에 뿌리기도 전에 싹이 났다. 그나마 뿌린 씨앗은 더운 날씨에 잘 자라지 못했다. 갑자기 달라진 날씨에 농부들은 그저 속수무책으로 흉작을 겪어야 했다.

"이게 다 제트 기류가 느려진 탓이라던데."

유리가 허탈한 얼굴로 중얼대자 미하일도 고개를 끄덕였다.

"그러게나 말이네. 그놈의 제트 기류 때문에 우리나라는 폭염에 시달리고, 파키스탄은 폭우로 홍수가 났다더군."

"유럽과 미국은 더위 때문에 난리라더군. 중국은 가뭄이 아주 심각하다던데?"

"휴. 전 세계가 날씨 때문에 난리구만."

"그러게. 날씨는 과학 기술로도 어찌할 수 없나 보군……."

"대체 제트 기류는 왜 느려진 거래?"

"글쎄. 과학자들도 이상 기후를 다 파악하기는 어려운가 봐. 지구 온난화와 관련 있다고 말하던데?"

미하일을 힘없이 장부를 덮었다.

"여하튼 어쩔 수 없겠어. 우리만 흉작인 게 아니야. 다른 지역도 밀 농사가 힘들었는지 수확량이 바닥이래. 수출보다 우리 먹을 양부터 챙겨야지. 나라에서도 당분간 밀을 수출하는 걸 막는다고 했고."

미하일의 말에 유리도 무겁게 고개를 끄덕였다. 하지만 유리는 밀을 수출하던 다른 나라의 거래처 직원들의 얼굴이 떠올랐다. 이집트, 터키, 파키스탄, 시리아 등등. 모두 러시아의 밀을 사들여서 식량으로 쓰던 나라들이었다.

유리는 밀을 수출하지 못하면 그 나라 사람들은 밀을 어디서 사들일 수 있을까 싶어 걱정이었다. 연거푸 한숨을 내쉬었다.

"정말이지 하늘을 원망하고 싶구만."

2011년 시리아

"세상에! 이걸 사라고 붙인 가격인가요? 아니면 사지 말라고 붙인 가격인가요?"

밀가루 한 포대에 붙은 가격을 본 얀은 깜짝 놀라 가게 주인에게 외쳤다. 가게 주인은 그런 반응에 익숙한지 지친 얼굴로 대꾸했다.

"나도 그렇게 팔고 싶어서 붙인 가격이 아니라오."

"그게 무슨 소리지요?"

"러시아가 밀 수출을 막았다는 소리를 못 들었소? 이제 밀을 구경하기도 힘들어졌으니 당연히 비싸진 거 아니겠소."

"……."

주인의 말에 얀은 할 말이 없어졌다. 얀 역시 작년에 러시아가 가뭄과 폭염으로 밀 농사가 어려웠다는 걸 알고 있었다. 자국의 국민들이 먹을 밀조차 충분하지 않아서 수출을 막았다는 소식도 들었다.

"하지만…… 이런 가격이라면 이 지역에 사는 사람들은 절대 살 수 없다고요."

"먹고살려면 나도 어쩔 수 없소. 휴, 나라도 어수선한데 먹을 것도 구하기가 어려우니 원."

얀은 결국 들고 있던 밀가루를 그대로 내려놓았다. 예전 같았으면 주머니에 있는 돈으로 충분히 밀가루를 살 수 있었을 것이다. 하지만 지금은 이 돈으로는 터무니없이 부족했다.

얀은 터덜터덜 가게를 빠져나왔다. 얀처럼 돈이 부족해 밀가루를 못 산 사람들이 한둘이 아니었다. 사람들은 배고픔을 참고 집으로 돌아갔다. 거리에는 이미 빈민들이 가득 나앉아 있었다. 모두 고향을 떠나온 사람들이었다.

시리아에서는 이미 2005년부터 심각한 가뭄이 들었다. 1990년대까지만 해도 농사를 지어 국민들이 먹고살 수는 있었지만 그 이후부터 그러지 못했다. 날이 가물자 농사지은 작물의 수확량이 형편없이 떨어진 것이다. 얀도 원래는 농사를 짓던 농부였다. 하지만 가뭄으로 농사를 연이어 망치자 어쩔 수 없이 도시로 이주해야 했다.

그동안 시리아는 러시아에서 사들인 밀을 대부분 식량으로 삼고 있었다. 2010년까지만 해도 러시아에서 수입한 밀로 먹고살 수는 있었다. 그런데 이제는 러시아마저 밀을 팔지 않게 된 것이다.

얀은 주머니의 돈을 꼭 움켜쥐며 불안한 눈으로 살피며 걸었다.

'조심해야 해. 강도를 당할지도 몰라. 작년까지만 해도 이런 분위기는 아니었는데…….'

올해부터 갑자기 얀이 사는 지역에 사람들이 밀려들어 왔다. 먹을 것을 구하기 위해 도시로 몰려든 사람들이 많았다. 피난을 온 사람들도 있었다. 교전이 일어난 곳에서 도망을 친 사람들이었다.

마침 시리아는 종교 갈등이 정치적인 분열로 이어져 정부군과 반군이 싸우고 있었다. 교전은 시도 때도 없이 벌어졌다. 반군도, 정부

군도 민간인을 죽이는 일을 서슴지 않았다. 사람들은 살기 위해 고향을 버리고 다른 도시로 떠나야 했다.

피난을 온 사람들을 보며 얀도, 이 지역 사람들도 모두 이런 생각을 했다.

'마음은 아프지만 저 사람들이 내 일자리와 식량을 빼앗을지 몰라.'
주민들은 피난민들을 경계의 눈초리로 바라보았다. 피난민을 받아들이기에는 이곳 사람들 역시 먹고살 일이 너무 힘들었던 것이다. 예전 같았으면 피난민들도 주민들의 도움을 받아 이 지역에 정착할 수 있었을 것이다. 하지만 갑자기 피난을 온 사람들이 너무 많아졌다. 게다가 식량마저 부족한 상황이었다.

먹을 것을 구할 수도 없고, 정착할 수도 없었던 피난민들은 자연스럽게 난민이 되었다. 거리에는 구걸하는 빈민들이 가득 찼다. 강도와 같은 범죄도 빈번히 일어났다. 범죄가 일어나고 안전을 위협당하자 사람들은 더욱 자신의 안위만 생각하게 되었다.

날이 갈수록 거리는 흉흉해졌다. 밀이 없어 빵을 구하지 못하는 문제는 단지 식량만의 문제가 아니었다. 평범한 사람들도 난민이 되어 버리는 상황이 된 것이다.

사람들이 사는 지역이 서서히 난민촌이 되어 가는데도 정부는 뚜렷한 대책이 없었다. 오히려 군부는 국민들에게 나눠 줄 식량을 가로채기 일쑤였다. 돈이 있어도 먹을 것의 양은 한정되어 있어 구하기 어려웠다. 그러자 시리아 돈의 가치도 바닥으로 떨어졌다.

그야말로 나라는 혼돈에 빠진 상태였다. 식량을 구할 길이 없고, 부정부패가 곳곳에서 일어나자 사람들의 삶은 더욱 어려워졌다. 이것은 내전이 더욱 심해지는 것을 부추겼다. 분쟁은 그렇게 악순환되고 있었다.

얀은 어두운 눈으로 거리의 사람들을 바라보았다. 이대로라면 자신도 얼마 지나지 않아, 저들의 처지가 될 수 있었다.

"왜 아무것도 안 사고 왔어요?"

얀이 집으로 터덜터덜 들어오자 아내인 사마가 물었다. 얀은 기운 없이 대꾸했다.

"안 산 게 아니라, 못 산 거예요."

"그게 무슨 말이에요?"

"가격이 너무 비싸. 그걸 사려면 우리가 가진 것도 바로 동나요."

사마는 무거운 한숨을 내쉬었다.

"그래도 다른 수가 없잖아요. 애들이 끼니는커녕 물도 한 모금 못 먹고 있는데 어쩌지요."

"마실 물도, 먹을 것도 구할 수 없는데, 이제 어떻게 살아야 할지."

얀은 정말 이 나라를 떠나야 할지를 고민했다. 이미 영양실조로 픽픽 쓰러지는 아이들이 많았다. 이대로라면 모두 굶어 죽게 될 것이다. 어쩌면 그전에 범죄나 교전으로 죽게 될지도 모른다. 총격과 포탄 소리에 제대로 잠 못 자는 날이 이어지고 있었다.

이미 꽤 많은 사람들이 이 나라를 탈출하려고 마음먹고 다른 나라로 떠나고 있었다. 난민이라는 신분으로 다른 나라에 가서 다시 시작하는 게 더 나은 선택이지 않을까. 아이들을 위해서라도 얀은 굳은 결심을 해야 한다고 생각했다.

2018년 독일

"난민을 받아들여야 합니다! 당장 난민 수용소를 해체해야 합니다."

"난민을 절대 우리나라로 들여서는 안 됩니다! 우리는 난민을 거부합니다!"

바깥에서는 시위가 한창이었다. 시위 소리를 들으며 기사를 작성하던 루이스는 책상 한쪽에 붙여 둔 사진 한 장을 보았다.

해변에서 잠자듯이 엎드려 있는 한 아이의 모습이었다. 사진 속 아이는 지금 바깥에서 일어나는 난민 시위의 도화선이 된 인물이었다. 바로 3년 전인 2015년 터키의 해변에서 발견된 아일란 쿠르디라는 시리아 어린이였다.

쿠르디는 가족과 함께 시리아에서 내전과 식량난으로 허덕이다 살길을 찾기 위해 탈출했다. 쿠르디의 가족은 터키에서 소형 보트를 타고 그리스 코스 섬을 향해 바다로 나아갔다. 그러나 쿠르디는 그리스 땅을 밟아 보지 못하고 배가 뒤집혀서 바다에 빠져 숨졌.

세 살밖에 안 된 꼬마 아이가 해변까지 쓸려 와 발견된 이 사진으로 유럽은 발칵 뒤집혔다. 난민 문제가 얼마나 절박한지 이 한 장의 사진이 단박에 알린 것이다. 그전에는 난민을 받아들이는 것을 거부하던 나라들조차 이 사진이 보도되자 난민을 받아들이는 쪽으로 태도를 바꿀 정도였다.

안타까운 시선으로 사진 속 어린아이를 바라보던 루이스의 곁에 리나가 커피를 들고 다가왔다.

"루이스. 뭐 새로운 소식이 있어?"

루이스는 리나가 준 아이스커피를 받아 들고는 고개를 끄덕였다.

"유럽 연합(EU)이 본격적으로 난민 문제를 어떻게 해결할지 논의하고 있어. 같이 책임을 지자는 거지."

"하긴 몇몇 나라들이 너무 난민 문제에 발을 빼려고 하니까. 이건 뭐 눈치 싸움도 아니고."

루이스는 씁쓸하게 웃었다. 리나의 말 그대로였다.

유럽은 연일 시끄러웠다. 유럽 나라들 중에 난민 문제를 고민하지 않은 나라는 거의 없었다. 2015년부터 바다를 건너 배를 타고 오는 난민들이 급격히 늘고 있었다. 유럽의 나라들이 난민을 받아들여 주자 더 많은 난민들이 몰려들기 시작한 것이다.

그러자 유럽 나라의 국민들은 갑자기 많아지는 난민들을 부정적으로 보게 되었다. 그러면서 난민에 대한 혐오도 덩달아 커지고 있었다. 유럽 나라 안팎으로 난민을 받아들여야 한다는 목소리, 반대로 난민을 받아들여서는 안 된다는 목소리가 팽팽하게 맞서고 있었다. 사정이 이렇다 보니 유럽 연합에서 이 문제에 대해 어떻게 풀어 나갈지 본격적으로 의논하게 된 것이다.

"꽤 많은 나라들이 두 손을 든 것 같아. 난민을 받는 데도 한계가 있다는 거지."

그리스, 프랑스, 영국 등 난민을 받아들이던 나라들도 슬슬 더 이상은 힘들다는 태도를 보였다. 게다가 영국은 유럽 연합까지 탈퇴해 버렸다. 영국이 유럽 연합에서 탈퇴한 배경에는 난민 문제도 있었다. 난민들이 급격히 많아지는 걸 탐탁지 않게 생각하는 국민들의 반감

이 큰 영향을 끼친 것이다.

"그래도 독일은 난민을 많이 받아들이고 있잖아."

"그렇지. 하지만 독일에서도 난민을 반대하는 목소리가 많아. 혐오 범죄도 일어나고 있고."

"하긴, 벌써 국경을 열었다가 막았다가 하는 걸 몇 번이나 반복했는지 모르겠네."

"그만큼 참 해결하기 어려운 문제야."

"그러게. 유럽 연합이 난민 문제로 쪼개질 위기까지 갔으니."

리나는 더운지 연신 아이스커피를 마셨다.

"그나저나 정말 덥다. 올 여름은 사상 최악의 더위라더니."

"맞아. 듣기로는 독일 역사상 가장 더운 여름이라고 하더군."

루이스는 창밖에 뜨거운 해를 바라보았다. 어쩐지 요즘 "기록적인 더위", "사상 최고치", "100년 만의 최고 폭염" 같은 말을 점점 자주 듣는 것 같다는 생각이 들었다.

그리고 지금

해운대 바닷가에 드리워진 먹구름이 점차 물러나고 있었다. 점차 맑아지는 날씨에도 수민이는 무거운 마음을 감출 수 없었다. 이모가 들려준 이야기가 먹구름보다도 더욱 어둡게 느껴졌기 때문이다.

터키 해변에서 발견된 쿠르디의 이야기는 수민이도 알고 있었다. 당시 우리나라 인터넷 사이트에서도 세 살배기 아이의 안타까운 죽음에 대한 기사가 많이 나왔다.

하지만 수민이는 그 사건의 바탕에 러시아에 불어닥친 이상 기후가 관련되어 있는 줄은 몰랐다. 그저 '먼 나라인 시리아는 난민이 정말 많구나. 불쌍하다.'라는 생각 정도만 짧게 했을 뿐이다.

러시아에서 시작된 폭염이 일으킨 재해가 시리아로 건너가 유럽에 다다르는 과정을 알게 되자 이상 기후가 전처럼 멀게 느껴지지 않았다. 이런 일은 러시아, 시리아, 유럽에만 일어나는 일이 아닐 것이다. 전 세계는 이미 잦은 교류를 맺어서 한 나라의 재해가 다른 나라에도 얼마든지 피해를 끼칠 수 있으니 말이다. 수민이는 그 사실이 오싹하게 느껴졌다.

"언제 어떤 형태로 이상 기후가 우리에게 영향을 줄지 몰라. 그건 물가가 폭등하는 형태가 될 수도 있고, 자원 고갈이 될 수도 있지. 경제적 차별로 다가올 수도 있고, 일자리 문제로 보일 수도 있어."

이모는 뜬구름 잡는 소리를 하는 것이 아니라는 걸 수민이는 알 수 있었다.

"그렇기 때문에 지구에 사는 누구도 기후 난민이 되지 않으리라는 보장이 없단다."

수민이는 이모의 의미심장한 말이 이제 허황되게 들리지 않았다.

기후 위기로 분쟁은 더욱 격해지고 세계는 불안정해진다!

여러분이 쓰고 있는 물건들을 한번 살펴볼까요? 중국, 베트남, 미국, 아프리카 등등 전 세계 각지에서 만든 제품들이 모여 있을 거예요. 우리나라의 물건 역시 전 세계로 나아가 쓰이지요. 전 세계는 이제 무역, 여행, 경제, 문화 등 교류하지 않는 것이 없다고 해도 과언이 아니에요. 지구촌이라는 말처럼 전 세계 나라들이 하나의 공동체로 어우러져 살아가고 있어요.

이러한 점은 장점과 단점이 있어요. 장점은 한 나라가 위기에 빠지면 그 나라와 교류하는 여러 나라들이 도와줄 수 있다는 거예요. 어떤 국가에 분쟁이 일어나면 여러 나라들이 구호 물품을 보내고, 지원해 주지요.

단점은 장점과 정반대의 상황이에요. 어느 한 나라에 불어닥친 위

기는 그 한 나라에만 영향을 끼치지 않아요. 위기는 이웃 나라들을 거쳐 전 세계로 뻗어 나가게 되거든요. 그리고 이러한 위기는 기후 위기도 해당된답니다.

연결된 세계, 기후 위기에서 자유로운 나라는 없어요!

지구 온난화 때문에 빙하가 녹아 해수면이 상승하고, 이상 기후가 생겨나요. 이것은 지구 온난화의 직접적인 영향이라는 것을 바로 알 수 있지요. 하지만 기후 위기로 인한 일인지 바로 드러나지 않는 문제들도 있어요. 바로 식량 위기와 경제 문제, 그리고 다양한 분쟁들이에요.

겉으로 보기에는 그냥 농사가 흉작이라서 먹을 것을 구하기 어려워진 것 같아요. 또 일자리가 부족해서 경제가 잘 안 풀리는 것 같지요. 그리고 정치가 불안정해서 분쟁이 일어나는 것 같아요.

하지만 그 모든 것의 바탕에는 기후 위기가 있어요. 기후 위기는 생각지도 못한 영역에서도 영향력을 발휘해요. 그리고 그것은 한 나라에만 머무르지 않고 다른 나라로 퍼져 갑니다. 전 세계가 지구 공

◀ 말라붙은 옥수수밭의 모습. 지구 온난화는 가뭄을 부르고 그로 인해 식량 위기를 불러온다.

ⓒ USDA photo by Bob Nichols 출처: www.usda.gov

동체로서 긴밀하게 연결되어 있기 때문이에요.

대표적인 예가 바로 유럽의 난민 사태예요. '유럽의 난민 사태'란, 2015년 무렵부터 유럽에 너무 많은 난민들이 몰려들어 유럽의 나라들이 골머리를 앓게 된 현상을 말해요.

아랍의 정치 분쟁을 피해 도망친 중동 나라들의 사람들이 난민이 되어 유럽의 나라들로 너무 많이 몰려들게 됩니다. 그러다 보니 유럽의 나라들은 난민이 들어오는 것을 막기 위해 국경을 닫기도 했어요. 유럽의 나라들끼리 서로 난민을 받지 않으려고 다툼까지 벌어졌지요.

이 유럽의 난민 사태가 일어난 원인을 거슬러 올라가다 보면 바로 기후 위기가 나온답니다.

기후 위기가 식량 위기를 가져오고 사회는 더욱 흉흉해져요!

2010년 러시아에서는 전례 없는 가뭄으로 인해 밀 농사를 망치게 되었어요. 밀은 러시아의 대표적인 수출 품목이에요. 그런데 가뭄이 너무 심해 러시아 국민들이 먹을 양도 부족할 지경이 된 거예요. 그래서 러시아는 자국민을 위해 밀 수출을 금지시켰어요.

러시아의 가뭄은 러시아보다 중동에 있는 시리아에 큰 위기를 가져다주고 말아요. 시리아는 2000년 중반부터 가뭄으로 곡물을 키우기가 어려웠거든요. 그래도 러시아에서 밀을 수입해서 국민들이 먹을 식량을 구할 수는 있었지요. 그런데 러시아가 밀 수출을 금지해 버리자 시리아는 국민들이 먹을 식량을 구하지 못하게 된 거예요.

식량이 부족해지자 시리아 사람들의 삶은 무척 힘겨워졌어요. 식량과 물자가 부족해서 물가가 치솟았지요. 반면 일자리는 더욱 구하기가 어려웠어요. 서민들은 점점 빈민이 되어 갔답니다. 사람들은 먹을 것을 구하기 위해 범죄를 저지르기도 했어요.

시리아의 사회는 점점 흉흉해졌어요. 게다가 때마침 시리아는 정치적인 분쟁을 겪고 있었거든요. 분쟁은 더욱 격렬해지다 2011년 결국 시리아에서 내전이 일어나고 말았어요.

러시아 가뭄이 시리아의 식량 위기를 부추기고 유럽의 난민 사태까지 이어져요

가뭄, 그에 따른 물가 폭등, 내전 등으로 시리아는 이제 국민들이 살기 어려운 지경이 되었어요. 그러자 사람들은 안정적인 삶을 살려는 의지를 잃고 말았어요. 혹은 원치 않게 분쟁에 휘말리기도 했어요. 민간인들이 사는 마을에서 총탄이 빗발치는 교전이 마구 일어났어요.

견디다 못한 시리아 사람들은 자신의 나라를 버리기로 마음먹었어요. 살기 위해 다른 나라로 이주하기로 결심한 거지요. 바로 난민이 되기로 한 거예요.

내전을 치르던 와중에 워낙 다급하게 피신하느라 사람들은 맨 몸으로 보트에 올라탔어요. 다른 나라로 가기 위해 작은 보트에 정원을 훌쩍 넘는 많은 사람들이 탄 채 바다를 건너려고 한 거예요. 그것은 목숨을 버리는 행위나 다름없을 만큼 위험한 행동이었지요. 그런데도 워낙 시리아에서의 삶이 혹독했기 때문에 사람들은 주저하지 않

▶ 2015년 난민으로 가득찬 보트를 구조하는 아일랜드 해군

ⓒ Irish Defence Forces

출처: www.flickr.com/photos/dfmagazine/18898637736/

◀ 2016년 터키에서 그리스로 가기 위해 바다를 건너는 난민들의 모습

ⓒ Mstyslav Chernov/Unframe

았답니다. 그러다 바다에서 보트가 뒤집혀 수많은 사람들이 목숨을 잃기도 했어요.

2015년 터키 해변에서 발견된 세 살배기 아일란 쿠르디도 그중 한 명이었지요. 쿠르디는 그리스로 향하는 보트에 몸을 실었다가 배가 뒤집혀 그만 목숨을 잃고 말았어요.

이렇듯 수많은 난민들이 중동 국가에서 유럽으로 가려고 시도했어요. 유럽의 나라들은 갑자기 많아진 난민들로 인해 다양한 사회 문제를 겪게 돼요. 너무나도 다른 문화를 가진 난민들이 유럽 사회에 잘 적응하기도 어려웠고요. 일부 난민들이 유럽 사회에서 범죄와 같은 문제를 일으키기도 했어요. 그러자 난민들에 대해 편견과 반감을 가진 유럽 시민들이 난민 반대 시위도 벌였지요.

유럽 나라들은 서로 난민을 받아들이지 않기 위해 신경전을 벌이기도 했어요. 그 결과, 유럽 연합(EU)이라는 큰 공동체 내에서도 여러 차례 갈등이 일어났답니다. 러시아의 이상 기후로 나타난 가뭄이 어떻게 시리아의 분쟁을 더욱 키우고, 유럽의 난민 문제에 영향을 끼쳤는지 이제 알겠나요?

국제 사회는 이제 다양한 문제를 함께 고민하고 또 해결해야만 해요. 그리고 가장 힘을 합쳐 해결해야 할 문제가 바로 '기후 위기'랍니

다. 기후에 영향을 받지 않는 나라는 없고, 그 영향은 이제 전 지구촌을 향해 무섭게 뻗어 나가기 때문이에요.

기후 위기는 너무 불공평해요!

"화석 연료로 만들어 낸 산업 사회가 기후 변화를 몰고 왔습니다. 이 기후 변화의 주된 희생자는 가난한 사람들입니다."
_ 프란치스코 교황

기후 위기는 상대적으로 저위도에 있는 나라들에 더 치명적인 피해를 끼쳐요. 저위도에 있는 나라들은 열대 기후인 나라들이 많아요. 가뜩이나 더운데 지구 온난화로 인해 날이 더 더워져서 작물을 키우기가 어려워지지요. 그러니 먹을 것이 부족해 늘 식량 문제에 시달리고 있어요. 이 나라들은 기아 문제가 심각해 대규모 이주를 빈번하게 하고 있어요. 앞서 동화로 만나 보았던 방글라데시에 사는 '마키' 역시 살 곳, 먹을 것을 찾아 이주를 하고, 또 하지요.

반면 추운 지역은 오히려 따뜻해져 작물을 키울 수 있는 환경으로 바뀌기도 해요. 한 예로 추운 기후의 러시아는 지구 온난화로 인해 날이 따뜻해져서 농사지을 수 있는 땅이 더욱 많아질 거라는 전망이 있어요.

그뿐만이 아니에요. 이상 기후로 인한 폭염, 홍수, 태풍도 점점 잦아지고 있지요. 이 이상 기후는 상대적으로 섬나라나 낮은 지대에 있는 연안 지역에 더 큰 피해를 준답니다.

더 안타까운 점이 있어요. 가난한 나라들이 기후 위기로 인한 피해를 더욱 혹독하게 입고 있다는 점이에요. 아시아, 아프리카, 남아메리카에 있는 나라들과 작은 섬나라들은 지금 기후 위기로 인해 생존을 위협받고 있어요. 그런데 이 나라들은 대부분 국제 사회에서 큰

힘을 발휘하지 못해요. 이들은 주로 너무 작거나 가난한 나라들이기 때문이에요.

지구 온난화라는 거대한 위기는 사실 부유한 나라의 책임이 더욱 커요. 전 세계 국가 중 탄소 배출량이 많은 나라들을 살펴볼까요? 가장 온실가스를 많이 만든 나라들은 미국, 유럽의 나라들(독일, 영국, 프랑스 등), 중국, 러시아, 일본 등 힘이 막강하거나 잘사는 선진국들이에요. 우리나라 역시 이산화탄소 배출량이 10위 안에 들지요. 그러므로 온실가스 배출에 대한 책임을 피할 수 없어요.

이 나라들은 예전부터 화석 연료로 산업을 발전시키면서 자연을 훼손하고 온실가스를 많이 만들었어요. 그래서 지구 온난화를 불러일으켰고요. 그런데 정작 그 피해는 지구 온난화를 불러온 책임이 있는 나라들보다 가난한 개발 도상국이나 섬나라들이 더욱 크게 입고 있는 거예요. 부유한 나라들이 지구 온난화에 더 큰 책임을 느끼고 이 문제를 해결하기 위해서 노력해야 하는 이유랍니다.

이야기 넷

2050년 지구,
미래에 남은 땅은
얼마나 될까?

기후 위기와 기후 난민 문제를
해결하기 위해 우리가 해야 할 일들

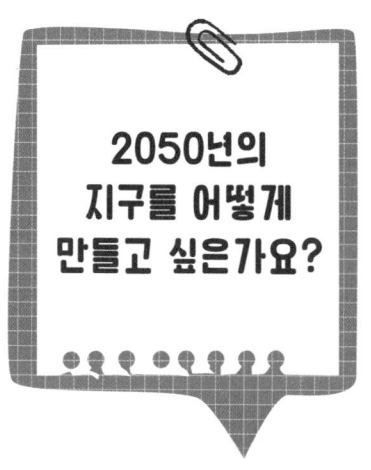

2050년의
지구를 어떻게
만들고 싶은가요?

 수민이는 다소 굳은 얼굴로 심호흡을 했다. 이모가 그런 수민이가 귀여운지 웃으며 물었다.
 "수민아. 긴장돼?"
 "기, 긴장되긴! 나 이런 게임도 많이 해 봤어!"
 애써 아무렇지 않은 얼굴로 대꾸했지만 수민이 입가가 어색하게 굳어 있었다. 그도 그럴 것이 이렇게 제대로 가상 현실 체험 기기를 장착해 보는 건 처음이다. 글러브를 끼고 고글처럼 생긴 가상 현실 기기(HMD)를 쓰고, 촉감을 전해 주는 슈트까지 입은 수민이는 마치

SF 영화의 주인공 같았다. 수민이는 대체 왜 이런 복장을 하고 있는 걸까?

수민이가 있는 이곳은 가상 현실 체험관이다. 2050년의 지구를 미리 만나는 체험을 하는 프로그램에 신청한 것이다. 수민이 말고도 몇몇 아이들이 상기된 얼굴로 가상 현실 체험 기기를 장착하고 있었다.

수민이가 이 가상 현실 체험을 하게 된 것은 이모의 도움이 컸다. 마침 이모가 벡스코에서 열리는 기후 위기 세미나에 참석했는데, 거기서 어린이들이 참여할 수 있는 가상 현실 체험이 열린다는 소식을 들은 것이다.

사실 이번 여름에 부산 여행을 올 때만 해도 수민이는 기후 위기와 기후 난민에 대해 큰 관심이 없었다. 하지만 이모가 들려준 이야기를 들은 후 생각이 바뀌었다. 기후 위기와 기후 난민은 지구에 사는 모두가 함께 고민해야 할 문제였다. 그래서 2050년 미래의 지구에 가 보는 가상 현실 체험을 하기로 마음먹은 것이다.

"흐음. 게임이랑은 좀 다를 텐데?"

"마, 많이 달라?"

"하하. 크게 다르지는 않을 테니 걱정 마."

이모의 말을 듣고서 수민이는 남몰래 한숨을 내쉬었다. 사실 수민이는 친구들이 하는 메타버스 게임만 옆에서 구경했을 뿐 실제로 해 보는 건 처음이었다. 기기를 다루는 것도 서툴러서 체험을 잘할 수 있을지 솔직히 자신이 없었다. 하지만 그럼에도 수민이는 도전해 보기로 결심했다. 왜냐하면 궁금했기 때문이다.

"진짜 눈으로 보고 싶어. 미래의 지구가 어떻게 되어 있는지를."

수민이는 두근대는 마음으로 조이스틱을 만지작댔다. 체험실의 조명이 조금 어두워지고 이윽고 안내 멘트가 흘러나왔다.

〈이제 2050년도의 미래 지구로 여행을 떠날 시간입니다.〉

이모가 소곤거렸다.

"수민아. 이제 시작인가 봐."

"응!"

수민이도 두근거리는 마음으로 대꾸했다.

〈사람들은 지금처럼 여전히 화석 연료를 쓰고, 탄소 배출을 조절하지 않고 살아갔습니다. 그리고 만나게 된 2050년 지구. 지금 도착합니다.〉

안내 멘트가 곧 끝났다. 두 눈의 위치에 맞게 펼쳐진 화면에서 체험실은 점차 이질적인 배경으로 변하고 있었다.

"와!"

아이들은 탄성을 터트렸다. 눈앞의 세상은 더 이상 가상 현실 체험관 안이 아니었다. 화면이 서서히 새로운 3차원 세상을 보여 주고 있었다. 그곳은 우주였다. 드넓은 우주에 떠 있는 기분은 상상을 초월했다.

"이모! 2050년의 미래가 된 거야?"

"응. 저기 봐. 수민아. 지구야."

이모의 말에 수민이는 얼른 눈을 돌렸다. 하지만 놀라움도 잠시, 탄성은 곧 경악으로 바뀌었다.

"저, 저게 뭐지?"

수민이는 두 눈을 깜박였다. 눈앞에는 검푸른 바탕에 가운데는 희뿌연 띠로 둘러싸인 행성이 있었다. 이모가 옆에서 이야기했다.

"저 행성이 지구야."

"지, 지구라고?"

이모가 말없이 고개를 끄덕였다. 수민이는 믿기지 않았다. 눈앞의 지구는 수민이가 알던 지구의 모습과는 많이 달랐다.

수민이는 우주 정거장에서 찍은 지구 사진을 본 적이 있다. 지구는 파란 바다와 초록빛 육지, 하얀 구름이 어우러진 아름다운 행성이었다. 하지만 지금의 지구는 초록빛 육지를 찾아볼 수 없었다. 온통 검

푸른 바다로 뒤덮인 행성이었다.

　아무 말이 없어진 수민이에게 이모가 말했다.

　"좀 더 가까이 가보자."

　이모와 수민이는 조이스틱을 움직여 우주에서 지구 안으로 들어갔다. 가상 현실 세상 속에서 수민이와 이모는 자유자재로 이동할 수 있었다. 깨끗했던 시야가 대기권으로 들어서자 온통 뿌옇게 흐려졌다.

　"으악. 앞이 잘 안 보여."

　"세상에. 먼지가 너무 심해서 그런가 봐."

　하늘은 모래로 뒤덮인 듯 흑색이었다. 뿌연 대기에는 매캐한 냄새가 섞여 있었다. 어쩐지 눈도 매워진 것 같았다. 수민이는 연기를 쫓으려고 손으로 휘휘 저으며 좀 더 육지 쪽으로 내려갔다. 하지만 이모와 수민이는 좀처럼 발 디딜 곳을 찾을 수 없었다.

　"이모……. 2050년에는 땅이 모두 사라졌나 봐."

　이모도 수민이의 말에 어떤 대답을 할 수 없었다. 눈앞의 지구는 지구가 맞나 싶을 정도로 낯설었다. 육지 쪽으로 내려왔지만 땅이라고는 찾아볼 수 없었다. 그때였다. 헤드셋 안으로 안내 멘트가 흘러나왔다.

　〈2050년 지구. 해수면 상승으로 사라진 도시는 방콕, 상하이, 베

니스, 마이애미……〉

멘트 내용은 믿기지 않을 만큼 충격적이었다. 전 세계의 도시 이름이 줄줄이 흘러나왔다. 끝도 없이 이어지는 세계 도시들의 이름에 수민이는 가슴이 철렁 내려앉는 것 같았다.

"이 도시들이 전부 사라졌다고?"

믿고 싶지 않은 현실이었다. 그러나 흘러나온 멘트를 증명이라도 하듯이 사방은 넘실거리는 바다만 보일 뿐이었다. 이내 익숙한 명칭이 귓속을 파고들었다.

〈……부산.〉

수민이는 이모를 바라보았다. 이모와 엄마의 고향, 부산도 지금 이 시대에는 사라져 있었다.

"……이모."

이모는 아무 말이 없었다. 이모 역시 이렇게 달라진 미래를 목격하는 것이 무척이나 충격이었다. 끝없이 펼쳐진 바다에는 전에 보지 못한 것들이 군데군데 세워져 있었다. 바로 흉물스럽고 거대한 장벽이다. 장벽에는 환풍기 같은 장치들이 빼곡하게 달려 있었다.

"이모, 저게 뭐야?"

"아마도 탄소 포집 시설인 것 같아."

"탄소 포집 시설?"

이모는 착잡한 목소리로 말했다.

"응. 지구의 공기 속에 있는 탄소를 빨아들이는 장치야. 탄소를 빨아들여서 땅속 깊이 저장하는 거야. 대기 속에 탄소가 많아지면 그만큼 지구 온난화가 심해지니까 그걸 막기 위해 설치한 것 같아."

"저렇게나 많이?"

이모는 수민이의 말에 힘없이 대답했다.

"아무래도 2050년에는 지금보다 탄소 농도가 훨씬 많아진 모양이야. 공기 속에 탄소가 많아지니 지구 온난화가 더욱 심해졌겠지. 그래서 빙하가 녹고 해수면이 높아져서 땅이 물속에 잠기게 된 거야."

우리가 있던 부산도 바다 밑으로 사라진 거고."

수민이는 물로 가득 찬 사방을 두리번거렸다. 탄소 포집 시설 위에 간신히 내려앉아 멀리까지 보려고 애썼지만 먼지 때문에 잘 보이지 않았다. 간신히 무언가가 시야에 들어왔다.

"이모! 저쪽에 육지가 있어!"

수민이의 말에 이모는 함께 그쪽으로 이동했다. 그러자 얼

마 남지 않은 육지가 보였다. 육지는 높다란 방조제에 둘러싸여 있었다. 마치 장벽에 갇힌 공간처럼 보였다. 두 사람은 방조제 너머 땅 위에 다다랐다.

좁다란 땅을 가득 메운 건 높은 건물과 건물을 뒤덮은 태양 전지판이었다. 그곳에 빼곡하게 사람들이 모여 살고 있었다. 멀리서 보면 마치 벌집에 사는 꿀벌 같은 모양새였다.

수민이는 한껏 고개를 들어 건물을 올려다보았다.

"건물이 하늘까지 닿겠네."

"좁은 땅 위에 사람들을 최대한 많이 수용해야 하니까. 저렇게 된 곳에서 살아가나 봐. 그나마 저기에서 사는 사람들은 선택받은 이들일 거야."

수민이는 풍경이 어딘지 기이해 보였다.

"이모 이상해. 사람들도 밖에 다니지 않고 나무도, 새도 없어. 움직이는 게 하나도 없는 것 같아."

수민이의 말에 이모도 주변을 둘러보았다. 수민이 말대로 살아 움직이는 것들이 눈에 띄지 않았다.

이모는 그 이유를 짐작할 수 있었다.

"이렇게 환경이 무너지면 바이러스가 창궐하기가 쉬워. 질병에 걸린 동물들은 이런 척박한 환경에서 살아남기 어려웠을 거야. 그리고 공기도 너무 더러워서 사람들도 바깥에서 활동하지 않는 것 같아."

나무도 없고 황량하기 짝이 없는 땅 위의 모습에 수민이는 기분이 울적해졌다. 좁은 땅 위에서도 사람들은 자유롭게 다닐 수 없었다. 건물 안에 갇혀 사는 사람들은 마치 지구에 남은 마지막 생명체의 표본처럼 보였다.

"이런 미래는 보고 싶지 않아."

수민이의 말을 들은 듯 이내 헤드셋에서 안내 멘트가 흘러나왔다.

〈2050년 또 다른 지구로 떠납니다. 사람들은 화석 연료를 쓰지 않고 대체 에너지를 사용하며, 탄소 배출량을 안전한 수준으로 줄이는 노력을 하며 살아갔습니다. 그리고 만나게 된 2050년 지구. 지금 도착합니다.〉

마침 육지에서 모래 폭풍이 일고 있었다. 한 번도 본 적 없던 거대한 모래 폭풍에 수민이와 이모가 깜짝 놀라 눈을 질끈 감았다. 다행스럽게도 두 사람에게 모래 폭풍이 도달하기 전에 사방은 서서히 다른 배경으로 변해 갔다.

"수민아. 눈떠 봐."

이모의 말에 수민이는 간신히 눈을 떴다. 새로운 배경이 나타나고

있었다.

"휴우. 모래 폭풍에 휩쓸리는 줄 알았어."

수민이가 가슴을 쓸어내리며 안도의 한숨을 내쉬었다. 그때였다.

"이모, 이거 새소리 아니야?"

"그래. 맞아."

맞장구치는 이모의 목소리가 무척 흥분되어 있었다. 마침내 배경이 완성되는 순간, 수민이의

입에서는 탄성이 쏟아졌다.

"와! 예쁘다!"

울창한 나무와 반짝이는 햇살이 가득한 숲속이었다. 아니 숲속 같은 도시였다. 사람들은 자유롭게 바깥을 돌아다니고 있었다. 산책 길과 자전거 도로가 펼쳐져 있고, 도로에는 조용한 수소 차들이 달리고 있었다. 곁에 있는 사람과 웃으며 걷는 모습만 보면 지금 시대와 다를 바 없었다. 아니 조금 다른 것도 있긴 했다.

"자, 이 길로 가면 판다의 서식지가 나옵니다. 이쪽으로는 들어가지 맙시다."

"아, 그래요. 이곳은 원래 판다가 살고 있던 곳이지요. 우리가 가면 판다가 놀랄지도 모르겠네요."

사람들은 동물을 위해 순순히 가던 길을 되돌아갔다. 만물의 영장이 사람이라면서 동물을 마음대로 다루던 지금의 대다수 사람들과는 많이 달랐다. 미래의 사람들은 다른 생명을 보호하기 위한

수칙을 잘 알고 있는 것 같았다. 나무, 곤충, 동물, 해양 생물까지. 모두 다양한 종이 함께 살 수 있도록 노력하고 있었다.

그 모습을 보던 이모가 가만히 말했다.

"이 미래의 사람들은 지구가 인간만의 것이 아니라는 걸 깨달은 모양이야."

수민이는 이모의 말을 듣고 보니 어딘지 다르게 보이는 부분이 있었다. 사람들은 모두 자연의 일부처럼 보였다. 지저귀는 새소리와 흐르는 물소리, 바람이 나무에 스치는 소리. 이 모든 소리가 이전의 미래에는 없었던 것들이었다.

〈2050년 지구로 떠나는 여행을 마칩니다.〉

아름다운 세상을 보여 준 디스플레이는 차츰 체험실로 변해 갔다. 미리 만나 본 미래가 알려 준 진실은 분명했다. 이대로 변화하지 않고 있다가는 우리도 기후 난민이 되어 황폐한 지구에서 살아야 한다는 것이다.

가상 현실 체험실을 나온 수민이와 이모는 한동안 아무 말이 없었다. 기후 위기에 관한 대규모 회의와 여러 체험관 부스를 둘러보던 두 사람은 바깥으로 나왔다. 햇살이 밝게 빛나고 있었다. 며칠 우중충한 먹구름만 잔뜩 끼었던 하늘은 그제야 맑은 얼굴을 보여 주었다.

말없이 하늘을 올려다보던 수민이가 말했다.

"이모. 하늘이 정말 예뻐."

수민이의 말에 이모가 빙그레 웃으며 하늘을 바라보았다.

"그러게. 올여름에 본 하늘 중 제일 예쁜 하늘 같네."

두 사람은 아름다운 날씨를 만끽하며 걸었다. 맑고 푸른 하늘과 그 아래 빛나는 바다는 수민이에게 이렇게 묻고 있는 것 같았다.

미래의 우리는 어떤 모습으로 살고 싶으냐고 말이다. 지구의 마지막 생명체로 살아남아 있을지, 아니면 자연과 하나가 되어 어우러져 살아갈지. 선택은 온전히 우리의 몫으로 남아 있었다. 수민이는 어떤 선택을 해야 할지 너무 잘 알고 있었다. 그리고 그 선택을 이제 더 이상 미룰 수 없다는 것까지도 말이다.

2050년의 아름다운 지구를 만나기 위해 해야 할 일들

　미래의 지구는 어떤 모습을 하고 있을까요? 온실가스를 잘 줄여서 지구 온난화를 극복해 냈을까요? 점점 올라가는 해수면은 어디까지 땅을 집어삼켰을까요? 지구는 여전히 땅과 바다, 대기가 함께 어우러진 아름다운 행성으로 남아 있을까요?

　미래의 지구는 지금 우리가 지구 온난화를 막기 위해 어떤 노력을 얼마나 많이 기울이느냐에 따라 달라질 거예요. 만일 우리가 적극적으로 지구 온난화를 막는다면, 우리는 여전히 지구에 사는 무수한 생명 중 하나로 살고 있겠지요. 그런데 만일, 우리가 온실가스를 줄이지 못한다면 어떻게 될까요? 그렇게 해서 지구 온난화가 계속되었다면 우리는 어떻게 살아가고 있을까요?

지구의 온도가 1.5도 더 높아지기 전에

　지구 온난화 때문에 생기는 다양한 재난과 이상 기후가 지구 곳곳에서 일어났어요. 그로 인해 삶의 터전을 잃어버린 기후 난민의 문제도 심각해졌지요. 그러자 전 세계 나라들은 기후 위기를 극복할 방법을 다 함께 찾아보기로 했어요. 그리고 지구 온난화를 불러일으키는 온실가스를 줄이기 위한 약속을 맺게 됩니다. 그것이 바로 2016년 '파리 기후변화협정'이에요.

　일부 선진국에게만 온실가스를 줄이는 의무를 주었던 '교토 의정서'와 달리, 파리 기후협정은 전 세계 나라들이 '기후 위기'를 위해 함께 힘을 모으기로 한 최초의 약속이에요.

　"지구가 버틸 수 있는 한계가 얼마 남지 않았습니다. 지구의 평균 온도가 앞으로 2도 이상 오르지 않아야 합니다. 그러기 위해 우리의 목표는 지구의 평균 온도가 1.5도를 넘지 않도록 최선을 다하는 것입니다."

　그렇다면 왜 한계치로 2도를 말했을까요? 2도까지 올랐을 경우, 지구는 더 이상 생명체가 살아가기 어려운 환경이 되기 때문이에요. 물이 부족한 사람들이 50%나 늘어나고, 기후 위기로 인한 빈곤, 기후 난민 등이 수억 명으로 늘어나리라 예상되지요. 인류에게만 위기가 아니에요. 산호초는 거의 전멸하다시피 하지요. 이런 최악의 상황을 막기 위한 한계가 최대 2도인 거예요.

이 파리 기후협정에는 약 200여 개 나라들이 참여했어요. 파리 기후협정에 참여한 나라들은 온실가스를 줄이려고 노력해야 해요. 또한 화석 연료를 쓰지 않고 재생 에너지 등 환경을 파괴하지 않는 에너지를 쓰도록 변화해야 하지요.

우리나라도 이 협정에 참여했어요. 기후 위기를 극복하기 위해 우리나라는 2030년까지 온실가스를 대폭 줄이겠다고 약속했지요.

하지만 많은 국가들이 파리 기후협정을 맺었음에도, 지구의 온도 상승을 1.5도 이내로 하겠다는 목표는 달성하기 어려워 보여요. 자기

◀ 2019년 9월 토론토에서 시위 행진을 하는 캐나다의 어린이들. 어린이들은 자신이 살아갈 미래를 위해 지구 온난화를 멈춰 달라고 시위한다.

ⓒ K6ka 출처: 위키미디어 커먼스

나라의 경제 발전과 개발을 위해 산림을 태우고, 화석 연료를 써서 온실가스를 마구 뿜어내는 나라들이 아직 많이 있거든요.

  기후 위기는 어느 한 나라의 노력만으로 절대 막을 수 없어요. 지구에 있는 모든 나라들이 함께 참여해야만 막을 수 있어요. 나 하나만 잘살면 되지 하는 마음으로는 절대 이 위기를 극복할 수 없어요. 결과적으로 나 혼자서 잘살 수도 없고요. 지구라는 거대한 생태계가 무너지면 인류에게 안전한 곳은 어디에도 없거든요. 지금 당장 우리가 기후 위기를 극복하기 위해 함께 행동해야 하는 이유이지요.

> 아직 늦지 않았어요!
> 우리가 살아갈 아름다운 지구를 지켜 낼 수 있어요!

지구는 지금도 우리에게 위급하다는 신호를 보내고 있어요. 갑자기 빈번해지는 이상 기후, 점점 커지는 식량 위기, 다양한 바이러스들의 출몰 등. 그러므로 지구 온난화를 막기 위한 노력은 '지금 당장' 실천해야 하지요.

화석 연료를 사용하지 않고 재생 에너지, 청정에너지를 써야 해요!

석탄, 석유와 같은 화석 연료를 써서 에너지를 만들면 그 과정에서 어마어마한 온실가스가 나오게 됩니다. 화석 연료는 매장량이 한정되어 있고, 온실가스와 더불어 환경 오염을 일으키기 때문에 반드시 줄여야만 해요.

하지만 여전히 화석 연료를 쓰는 나라들이 많아요. 손쉽게 에너지를 만들 수 있고, 대체 에너지에 비하면 값도 싸기 때문이지요. 경제적 성장을 위해 재생 에너지를 쓰는 것을 뒤로 미루는 거예요.

하지만 이제 기후 위기도 당장 코앞에 닥친 문제가 되었어요. 성장을 꾀하다가 생존의 위기를 겪게 되는 날이 그리 멀지 않은 거예요.

그러니 재생 에너지, 청정에너지로 바꾸는 일을 지금 당장 실천해야 해요.

이를 위해서는 나라의 정책을 재생 에너지로 나아가게끔 이끌어야 해요. 또한 회사들도 청정에너지를 개발하고, 또 사용하기 위해 여러 변화를 시도해야 한답니다.

산림을 태우지 않고 나무를 심어요!

여러분은 식목일에 나무를 심나요? 꼭 심었으면 해요. 왜냐하면 나무는 환경을 지키는 일등 공신이거든요. 해변에 나무를 심어 두면 이상 기후로 인한 비바람, 파도 등으로 인한 훼손을 나무들이 한차례 막아 줄 수 있어요. 나무가 완충 작용을 해 주는 거예요. 그뿐만이 아니에요.

나무는 이산화탄소를 흡수하고 산소를 만들어 주지요. 대기 오염도 줄여 주고, 다양한 생물들이 살아갈 수 있는 생태계가 되어 주지요.

그런데 이 소중한 나무를 일부러 베고 숲을 없애기도 해요. 지구의 허파라고 불리는 '아마존'은 매년 어마어마한 산불로 나무가 타들어 가요. 이제 아마존이 정글이 아닌 초원이 되고 있지요. 이렇게 아마존이 타들어 가는 데는 브라질의 개발 정책과 관련이 있어요. 아마존 숲을 태우고 난 땅 위에 소 등 가축을 키우는 목축업을 하거나, 동물을 먹일 곡물을 키우려는 것이지요.

숲을 태우고 그 자리에 밭을 만들거나, 해변의 나무를 베어 버리고 그 자리에 양식장을 만드는 것. 그것은 단순히 숲을 경제적인 가치로만 바라보기 때문에 벌어지는 일들이에요. 하지만 나무와 숲은 지구와 생명을 위한 무수한 역할을 맡고 있어요. 지구 온난화를 막기 위해서 반드시 나무와 숲을 지켜 내야 한답니다.

플라스틱을 소비하지 않도록 노력하고, 제로 웨이스트를 실천해요!

우리 생활 속 어디에나 쓰이는 플라스틱. 변형하기가 쉬워 다양한 제품으로 만들고, 일회용품으로도 쓰여 우리가 늘 간편하게 사용하지요. 그런데 이 플라스틱이야말로 환경 오염의 주범으로 꼽힌답니다. 플라스틱은 만드는 과정에서 많은 에너지를 쓰고 온실가스를 만들어 내기 때문이에요.

그뿐만이 아니에요. 지구의 별명이 '플라스틱 행성'이 될 만큼 플라스틱 쓰레기가 넘쳐 나고 있어요. 우리가 버린 플라스틱 쓰레기가 땅을 오염시키고, 바다로 흘러들어 해양 동물의 생존을 위협해요. 바닷물은 이제 '미세 플라스틱 수프'로 불릴 정도지요. 우리가 마시는 생수에도 미세 플라스틱이 들어 있어요. 그만큼 플라스틱은 환경에 지대한 피해를 끼치고 있는 거에요.

이제 그동안 손쉽게 썼던 플라스틱 제품을 그만 쓰기로 해요. 그리고 생활에서 되도록 쓰레기를 배출하지 않으려고 노력해 보아요. 이러한 노력을 '제로 웨이스트(zero waste)'라고 불러요.

이를테면 샴푸 대신 포장 용기 없는 비누를 쓰거나, 고체 치약을 쓰는 거지요. 플라스틱 수세미 대신 천연 수세미로 설거지를 하고요.

장을 볼 때 늘 장바구니를 챙겨서 비닐봉지를 쓰지 않는 거예요.

혹시 '용기 내!' 캠페인을 알고 있나요? 장을 보러 갈 때 밀폐 용기를 들고 가서 식재료를 받는 운동이에요. 제로 웨이스트를 실천하는 사람들은 야채, 고기, 생선만이 아니라 김밥을 사러 갈 때도 밀폐 용기를 들고 가기도 해요. 밀폐 용기 안에 김밥을 담아 오는 거지요.

아직까지 이런 실천이 어색하고, 선뜻 시도하기가 쉽지 않을 수 있어요. 하지만 몇몇 시장에서는 제로 웨이스트를 위해 밀폐 용기에 음식을 포장하는 일에 동참하고 있답니다. 정부에서도 '용기 내!' 캠페인을 펼쳐 밀폐 용기를 이용해 포장 쓰레기를 줄이는 운동을 장려하고 있어요. 환경을 위해 우리도 용기를 내 보는 건 어떨까요?

제품을 되도록 오래, 아껴 쓰고 중고 제품을 써 보아요!

다양한 매체에서 새로운 제품이 쏟아져 나오고, 유행은 매번 바뀌어요. 그러다 보니 사람들은 예전보다 더 많은 물건을 사고 그 물건을 짧게 쓰고 버리지요. 대한민국 정책 브리핑에 따르면 우리나라에

서 버려지는 장난감 양은 3만 톤으로 추정된다고 해요. 장난감뿐만이 아니에요.

옷, 신발, 스마트폰, 전자 제품 등 다양한 제품들이 원래 수명보다 일찍 버려지고 있어요. 그저 유행에 맞지 않고, 질린다는 이유로 말이지요. 이렇게 버려진 제품들은 사용 가치가 떨어진 게 아닌데도 쓰레기가 되어 버려요. 이 쓰레기를 처리하기 위해서는 많은 에너지가 들어가고 환경도 오염된답니다.

이제 환경을 위해서 가진 물건은 최대한 아껴 쓰고 오랫동안 쓰는 습관을 들이도록 해요. 지금 내가 쓰지 않는 물건이라면 중고 장터에

내놓거나 다른 사람에게 물려주어도 좋겠지요. 또한 중고 제품을 구매해서 사용하는 것도 생활 속에서 자원 순환을 실천할 수 있는 좋은 방법이랍니다.

육류를 덜 먹고 채소를 먹어요!

육류와 환경이 무슨 상관이 있나 고개가 갸우뚱해지나요? 하지만 육류 소비는 환경 오염과 밀접한 관련이 있어요. 우리가 마트에서 손쉽게 육류를 사고 고기를 즐겨 먹기 위해서는 많은 가축을 키워야 해요. 그러기 위해서는 가축을 키울 넓은 땅이 필요하고, 가축이 먹을 사료가 될 곡물을 재배할 땅이 필요하지요. 그런 땅을 만들기 위해 산림을 태우거나 없애는 일이 일어나요.

그뿐만이 아니에요. 가축들이 소화 과정을 거쳐 트림과 방귀로 나오는 메탄가스 역시 지구 온난화를 부채질해요. 유엔 식량농업기구에 따르면 전 세계의 온실가스 중 14.5%가 가축에서 나온다고 합니다.

식품을 만드는 과정에서 나오는 온실가스도 무시 못할 정도로 많아요. 전체 온실가스의 1/4이 넘지요. 축산업은 식품과 관계된 온실가스 배출량에서 무려 80%를 차지해요. 다시 말해, 우리가 고기를 덜 먹는 것만으로도 온실가스를 줄일 수 있는 거예요. 고기를 덜 먹고

채소를 먹는 것은 우리 건강을 위해서도 좋은 일이에요. 각종 성인병과 소화 질환은 지나친 육류 섭취에서 불거지거든요. 이제 환경과 건강을 위해 고기 대신 채소를 더 먹는 것이 어떨까요?

기후 위기를 극복하려면 전 세계가 힘을 모아야 해요!

2021년 10월 31일 영국에서는 전 세계 나라의 지도자들이 모여 지구의 미래를 좌우할 중요한 회의를 열었어요. 바로 '제26차 유엔기후변화협약 당사국총회(COP26)'예요. 이름이 너무 어렵지요? 이 회의는 앞서 말한 파리 기후협정에서 세운 목표를 얼마나 잘 지켰는지를 확인하고, 앞으로 기후 위기를 막기 위해 어떤 행동을 취할지를 정하는 회의지요.

하지만 아쉽게도 온실가스를 줄이겠다는 목표를 지킨 나라들은 절반 정도밖에 되지 않아요. 유엔은 이대로라면 21세기 말쯤이면 지구

　의 온도가 2.7도까지 오른다고 경고했지요. 지금도 해수면 상승과 이상 기후로 기후 난민이 늘고 있는데, 2.7도가 오른다면 어떻게 될지 상상만 해도 끔찍해요.

　이 회의에서 각 나라의 지도자들은 기후 위기에 대한 경각심을 더욱 갖고 온실가스를 줄이는 목표를 실천하도록 약속했어요. 이 약속을 반드시 지키도록 우리 모두 노력해야 한답니다.

　우리는 앞서 기후 위기가 불러오는 다양한 위기를 살펴보았어요. 사는 위치의 운이 좋아 기후 난민이 되지 않더라도 생존의 위협을 받지 않는 건 아니에요. 식량 위기, 경제 위기는 물론, 전 세계에 팬데믹을 몰고 온 코로나19와 같은 바이러스 습격도 일어날 수 있지요.

현재 북극의 꽁꽁 얼어 있는 땅, 영구 동토 아래에는 무수한 바이러스들이 얼어 있거든요. 지구 온난화가 계속된다면 이 땅이 녹아 그 안의 바이러스가 활개를 치게 될지 몰라요.

이제 기후 위기는 우리가 아름다운 지구에서 살아남기 위해서 반드시 극복해야 하는 과제가 되었어요. 더 이상 미뤄서는 안 되고, 지금 당장 해결해야 하는 과제이지요. 이것은 어느 한 나라가 아닌 전 세계 나라들이 지금 당장 힘을 모아 실천해야 가능해요. 그렇지 않으면 아름다운 지구에서 인간은 모두 기후 난민이 되어 떠돌게 될지도 모르니까요.

관련 교과

3학년 2학기 사회	1. 환경에 따라 다른 삶의 모습
4학년 1학기 사회	1. 지역의 위치와 특성
4학년 2학기 사회	2. 필요한 것의 생산과 교환
4학년 2학기 사회	3. 사회 변화와 문화의 다양성
6학년 2학기 사회	1. 세계 여러 나라의 자연과 문화

3학년 1학기 과학	5. 지구의 모습
5학년 2학기 과학	2. 생물과 환경
5학년 2학기 과학	3. 날씨와 우리 생활
6학년 2학기 과학	2. 계절의 변화
6학년 2학기 과학	5. 에너지와 생활

3학년 도덕	우리가 만드는 도덕 수업 2. 우리 모두를 위한 길
6학년 도덕	4. 공정한 생활
6학년 도덕	6. 함께 살아가는 지구촌

국어, 사회, 과학, 기술, 도덕, 경제까지
교과목 공부가 되고 세상의 눈을 키우는 상식도 쌓아주는
사회과학 동화 시리즈

공부가 되고 상식이 되는! 시리즈 ❶

어린이 생활 속 법 탐험이 시작되다!
신 나는 법 공부!

변호사 선생님이 들려주는
흥미진진한 법 지식과 리걸 마인드 키우기!

장보람 지음, 박선하 그림 | 168면 | 값 11,000원

공부가 되고 상식이 되는! 시리즈 ❷

동화로 보는 착한 소비의 모든 것!
미래를 살리는
착한 소비 이야기

친환경 농산물, 동네 가게와 지역 경제,
대량생산vs동물복지, 저가상품vs공정상품

한화주 지음, 박선하 그림 | 148면 | 값 11,000원

공부가 되고 상식이 되는! 시리즈 ❸

똑똑한 경제 습관과 금융 IQ를 길러 주는
어린이 금융경제 교육
적금은 뭐고 펀드는 뭐야?

동화로 보는 어린이 금융경제 교육의 모든 것!

김경선 지음, 박선하 그림 | 120면 | 값 11,000원

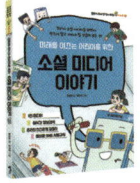

공부가 되고 상식이 되는! 시리즈 ❹

우리가 소셜 미디어를 하면서
반드시 알고 지켜야 할 것들의 모든 것!
미래를 이끄는 어린이를 위한
소셜 미디어 이야기

1인 미디어, 실시간 정보검색, 온라인 인간관
계 길잡이, 올바른 SNS 사용규칙

한현주 지음, 박선하 그림 | 152면 | 값 11,000원

국어, 사회, 과학, 기술, 도덕, 경제까지
교과목 공부가 되고 세상의 눈을 키우는 상식도 쌓아주는
사회과학 동화 시리즈

공부가 되고 상식이 되는! 시리즈 ❺

동화로 보는 SW교육, 사물인터넷, 인공지능 로봇,
로봇 세상의 생활과 진로!

어린이를 위한
인공지능과 4차 산업혁명 이야기

과학 기술과 데이터, 로봇과 공존하는
인공지능 시대를 살아갈 어린이 친구들을 위한
과학 동화

김상현 지음, 박선하 그림 | 163면 | 값 12,000원

공부가 되고 상식이 되는! 시리즈 ❻

동화로 보는 '4차 산업혁명 시대'에 따뜻한 기술이
가져오는 행복한 미래와 재미난 공학

어린이를 위한
따뜻한 과학, 적정 기술

어린이를 위한 "따뜻한 기술과 윤리적인 과학"
에 대한 흥미롭고도 실천적인 이야기!

이아연 지음, 박선하 그림 | 160면 | 값 12,000원

공부가 되고 상식이 되는! 시리즈 ❼

포장 쓰레기의 여정으로 살피는
소비, 환경, 디자인, 새활용, 따뜻한 미래 이야기

미래를 위한 따뜻한 실천,
업사이클링

버려진 물건에게 새 삶을 주는
따뜻한 실천에 대한 흥미진진한 이야기!

박선희 지음, 박선하 그림, 강병길 감수 | 144면 | 값 12,000원

공부가 되고 상식이 되는! 시리즈 ❽

동화로 보는 동물학대와 유기, 대규모 축산농장,
동물실험, 동물원에 대한 불편한 진실

어린이를 위한
동물 복지 이야기

동물과 함께 행복해지기 위한 윤리적인 선택,
그에 대한 흥미롭고도 실천적인 이야기!

한화주 지음, 박선하 그림 | 166면 | 값 12,000원

국어, 사회, 과학, 기술, 도덕, 경제까지
교과목 공부가 되고 세상의 눈을 키우는 상식도 쌓아주는
사회과학 동화 시리즈

공부가 되고 상식이 되는! 시리즈 ⑨

동화로 보는 신재생에너지, 에너지 불평등과 자립,
에너지 공학자, 에너지 과학 기술
지구와 생명을 지키는
미래 에너지 이야기

"행복하고 안전한 미래를 맞이하려면
에너지 문제를 반드시 해결해야 해요!"

정유리 지음, 박선하 그림 | 162면 | 값 12,000원

공부가 되고 상식이 되는! 시리즈 ⑩

동화로 보는 '미세먼지'를 둘러싼 환경, 건강,
나라, 경제, 과학 이야기
생명을 위협하는 공기 쓰레기,
미세먼지 이야기

"왜 미세먼지는 나아지지 않고
점점 심해지는 걸까?"

박선희 지음, 박선하 그림 | 160면 | 값 12,000원

공부가 되고 상식이 되는! 시리즈 ⑪

사라지는 일, 생겨나는 일!
미래 일자리의 변화와 기술, 직업 가치를
생생하게 알려 주는 과학 인문 동화
어린이를 위한
4차 산업혁명 직업 탐험대

"달라진 일의 미래, 나는 어떤 일을 하게 될까?"

김상현 지음, 박선하 그림 | 167면 | 값 12,000원

공부가 되고 상식이 되는! 시리즈 ⑫

동화로 보는 미디어 속 가짜 뉴스에 담긴
불편한 진실과 미디어 리터러시 교육!
어린이가 알아야 할
가짜 뉴스와 미디어 리터러시

"뉴스는 무조건 믿어도 되는 걸까요?"

채화영 지음, 박선하 그림 | 144면 | 값 12,000원

국어, 사회, 과학, 기술, 도덕, 경제까지
교과목 공부가 되고 세상의 눈을 키우는 상식도 쌓아주는
사회과학 동화 시리즈

공부가 되고 상식이 되는! 시리즈 ⑬

동화로 보는 해양 쓰레기, 미세 플라스틱, 남획,
바다 산성화, 뜨거운 바다, 그리고 분쟁의 바다

지구가 보내는 위험한 신호, 아픈 바다 이야기

"지속 가능한 바다를 위해
우리는 어떤 일을 할 수 있을까?"

박선희 지음, 박선하 그림 | 161면 | 값 12,000원

공부가 되고 상식이 되는! 시리즈 ⑭

빅데이터, 데이터 마이닝, 데이터 과학자와 데이터
윤리까지! 동화로 살펴보는 빅데이터의 모든 것!

어린이를 위한 미래 과학, 빅데이터 이야기

"이제 분야를 막론하고 미래 세상을 이끌어갈
사람들은 모두 빅데이터를 알아야만 해!"

천윤정 지음, 박선하 그림 | 159면 | 값 12,000원

공부가 되고 상식이 되는! 시리즈 ⑮

이웃과 환경을 생각하고 사회를 밝게 만들어 주는
착한 디자인에 대한 아주 특별한 다섯 이야기!

세상을 따뜻하게 만드는 착한 디자인 이야기

좋은 디자인은 그 자체로
세상을 바꾸는 발명이 된다!

정유리 지음, 박선하 그림 | 155면 | 값 12,000원

공부가 되고 상식이 되는! 시리즈 ⑯

하늘 저 너머에도 쓰레기가 있다고?
우주 탐사 최대 방해물, 우리를 위협하는
우주 쓰레기의 모든 것!

지구와 미래를 위협하는 우주 쓰레기 이야기

"우주 과학이 발전하는 만큼
우주 쓰레기는 더 많아진다고?"

김상현 지음, 박선하 그림 | 136면 | 값 12,000원

국어, 사회, 과학, 기술, 도덕, 경제까지
교과목 공부가 되고 세상의 눈을 키우는 상식도 쌓아주는
사회과학 동화 시리즈

공부가 되고 상식이 되는! 시리즈 ⑰

상상 그 이상!
진짜보다 더 진짜 같은 가상 세계의 모든 것!
어린이를 위한 가상현실과 메타버스 이야기

"진짜보다 더 진짜 같은 가상 세상이 온다!"

천윤정 지음, 박선하 그림 | 152면 | 값 12,000원

공부가 되고 상식이 되는! 시리즈 ⑱

멋과 유행, 경제와 윤리적 소비,
환경의 관계에 대해 이야기하는 생각동화!
환경을 지키는 지속 가능한 패션 이야기

"옷 한 벌에 담긴 따뜻한 마음이야말로
세상을 아름답게 지켜 내!"

정유리 지음, 박선하 그림 | 152면 | 값 12,000원

공부가 되고 상식이 되는! 시리즈 ⑲

동화로 보는 주식과 투자, 경제에 관한 모든 것!
경제를 아는 어린이로 이끌어 주는 주식과 투자 이야기

"지구를 지키는 일만 하고
경제 공부는 처음인 전설의 히어로즈,
얼결에 주식회사를 세우다?"

김다해 지음, 박선하 그림 | 156면 | 값 12,000원

공부가 되고 상식이 되는! 시리즈 ⑳

동화로 보는 바이러스, 변이 바이러스, 팬데믹,
백신과 의료 불평등, 건강한 생활 습관 이야기!
어린이가 알아야 할 바이러스와 팬데믹 이야기

"눈에 보이지 않는 바이러스의 습격,
어떻게 막아야 할까?"

정유리 지음, 박선하 그림 | 131면 | 값 12,000원